Daniel Broch...

Roses

100 Roses
pour répondre à tous vos besoins.

Les conseils d'un spécialiste
pour choisir et entretenir
vos roses.

Collection dirigée par
Patrick Mioulane

HACHETTE

SOMMAIRE

Avant propos

S'il est une fleur dont on peut dire qu'elle a traversé les temps sans ne jamais rien perdre de sa renommée et de sa beauté, c'est bien la rose élevée au rang de « Reine des fleurs ». Les rosiers les plus simples – ceux qui ne possèdent que 5 pétales – souvent dénommés rosiers botaniques, sont directement issus des rosiers sauvages. Proches cousins de l'églantier, ils proviennent de l'hybridation de deux rosiers sauvages dont on a ainsi amélioré les caractéristiques.

Les roses anciennes, assez voisines par leur forme des roses actuelles, désignent des variétés obtenues après croisement de rosiers botaniques, il y a de nombreuses années. De nos jours, on ne plante guère plus que des rosiers issus d'hybridations diverses qui donnent des fleurs très régulières, sur des tiges abondamment fournies, avec des coloris les plus variés. Enfin le port permet aussi de distinguer les rosiers entre eux : buisson, grimpant, miniature, arbustif…

La rose dite « hybride de thé » est née des multiples hybridations réalisées au cours des dernières décennies, parmi cette espèce on trouve les variétés les plus nombreuses. Les hybrides de thé sont de forme arbustive ou buissonnante, remontants et offrent pratiquement tous les coloris, du blanc pur au rouge grenat en passant par le rose, le jaune ou l'orangé, chaque fleur pouvant être de tons différents sur l'avers ou le revers des pétales.

Ces hybrides de thé ont, à leur tour, donné naissance aux rosiers *Grandiflora*, à grosses fleurs, et *Floribundas*, à fleurs moyennes ainsi qu'aux *Polyanthas*, aux inflorescences groupées en bouquets denses.

Un peu d'histoire

Cultivée dès l'Antiquité, la rose a toujours connu un grand succès, en particulier auprès de ceux qui se sont penchés sur sa beauté et son parfum. Les preux chevaliers, partis en croisades défendre la Terre Sainte, ramenèrent sur notre territoire les premiers pieds de rosiers. Mais il fallut tout de même attendre le début du siècle dernier pour que quelques horticulteurs s'intéressent véritablement à cette rose et commencent les premiers croisements entre espèces. L'essentiel des variétés que nous connaissons et plantons actuellement provient des hybrides de thé. Ceux-ci sont nés du croisement d'une rose thé et d'un hybride remontant. Il semble acquis que ce soit un pépiniériste français, Guillot, qui, en 1867, obtint la première variété hybride de thé qu'il baptisa *La France*, une fleur aux tons roses, très parfumée et vigoureuse.

Les roses thé, originaires de Chine, proviennent d'un croisement entre le *Rosa gigantea* et le *Rosa chinensis*. Elles sont ainsi désignées parce que les premiers plants qui arrivèrent en Europe au début du XIXe siècle furent amenés par des bateaux en provenance

Les gravures anciennes expriment toute la beauté des roses de nos aïeux, souvent très parfumées mais à la floraison de courte durée.

d'Extrême Orient et alors affrétés pour le transport du thé, et à cause de leur odeur de thé (ce qui reste à prouver !).

Ce n'est qu'à la fin du XIXe siècle que la couleur jaune apparut chez les hybrides de thé. *Soleil d'Or* est dû à Pernet-Ducher, qui réalisa, pour l'obtenir, d'innombrables croisements. Cette variété engendra, à son tour, une longue lignée de rosiers connus sous le nom de rosiers *Pernetiana*. Depuis ses origines, et pour arriver aux variétés que l'on connaît actuellement, le rosier hybride de thé allait subir maints croisements. La plupart de ces variétés présentent des caractères de floribondité, de rusticité et de résistance aux maladies les rendant propres à être cultivées sous toute latitude.

L'achat d'un rosier

Bien souvent l'acquisition d'un rosier répond à un coup de cœur face à une variété aperçue dans le jardin d'un voisin ou d'un ami ou simplement dans les pages d'un catalogue. Aujourd'hui, vous pouvez faire l'achat d'un rosier en toute saison, ce qui était impossible il y a encore quelques années.

Lors du repos de la végétation, de novembre à mars dans la plupart des régions, les rosiers sont vendus à racines nues. Les plants ont été arrachés de la pépinière où ils étaient élevés avant d'être commercialisés, sans terre autour des racines. Cependant, pour aider à la conservation dans le point de vente, les pépiniéristes proposent ces rosiers dans des sachets ou des coques en plastique plus ou moins rigide, la base du pied étant emmaillotée dans une motte de tourbe destinée à maintenir une certaine humidité autour des racines.
En dehors de cette saison de repos végétatif, vous trouverez des rosiers à planter en conteneur. Les chances de réussite sont alors quasi assurées car la plante, en principe, a été élevée dans ce contenant et peut ainsi subir une transplantation sans risque, à condition toutefois de prendre les précautions nécessaires pour la reprise.

Conseil :
Ne vous précipitez pas sur le premier plant ou conteneur venu car si la plupart des pépiniéristes et jardineries proposent des rosiers en bon état, on peut aussi trouver des pieds qui, mal arrachés, mal conditionnés ou mal conservés, conduiront inévitablement à l'échec. N'achetez pas non plus vos rosiers trop tôt en automne. Ils risquent d'avoir été arrachés avant que la végétation ne se soit arrêtée. Cela nuirait à leur reprise.

Le rosier à racines nues
En repos végétatif, ce rosier est disponible à la vente dépourvu de ses feuilles et, bien sûr, de ses fleurs. Il faut donc faire confiance au pépiniériste et à la photo qui accompagne le rosier pour être certain de bien acheter la variété souhaitée. Un rosier en bon état possède au moins 3 à 4 branches longues de 20 à 30 cm.

L'écorce des tiges doit être lisse et verte, plus ou moins foncée, mais surtout pas noire. Quant aux racines d'un rosier sain, elles sont rigides, de couleur brun clair et bien réparties autour du pied. N'oubliez pas de vérifier que le bourrelet de greffe est bien cicatrisé. Une fois votre achat effectué, la plantation doit être immédiate. Si, pour une raison ou une autre, vous ne pouvez la réaliser, mettez le rosier en jauge. C'est une plantation provisoire. Creusez un trou avec un bord incliné sur lequel vous appuyerez le pied du rosier. Rebouchez avec de la terre ou de la tourbe. Ainsi protégé du froid et du dessèchement, le rosier peut attendre plusieurs jours.

Les rosiers vendus à racines nues ont souvent une petite motte de tourbe qui permet de garder un peu d'humidité autour des racines.

Si votre rosier a souffert du gel, attendez avant de le planter. Placez-le dans une pièce fraîche où il reviendra progressivement à la température ambiante. Évitez surtout de le réchauffer rapidement en le mettant en plein soleil ou près d'une source de chaleur. Une fois le rosier revenu à son état normal, plantez-le.

Conseil :
Lorsque le rosier est présenté emballé, évitez les conditionnements qui présentent de la condensation à l'intérieur ou des bourgeons déjà développés. Dans le premier cas vous risquez de trouvez de la moisissure et, dans le second, la reprise est beaucoup plus difficile.

Il est possible aujourd'hui d'acheter un rosier à n'importe quelle époque de l'année grâce à la culture en conteneur.

Le rosier en conteneur
Cette forme de présentation favorise la plantation d'un rosier en toute saison, même au cœur de l'été alors que la plante est en fleurs. Vous pouvez ainsi choisir votre rosier en toute confiance quant à la variété. Mais prenez de nombreuses précautions pour assurer sa reprise après la mise en place : ne brisez pas la motte au risque de blesser les racines ; supprimez éventuellement une partie des rameaux pour diminuer l'évaporation par les feuilles.

Conseil :
Sachez que plus le rosier a un grand développement dans le conteneur plus vous devez faire preuve de soins attentifs lors de la plantation.

L'achat par correspondance
Ces rosiers sont la plupart du temps expédiés lors du repos de la végétation. On peut donc rapprocher cet achat de celui abordé plus avant dans le chapitre « à racines nues ». Dès la réception des rosiers, sortez-les de leur emballage et vérifiez leur état sanitaire. Les branches et les racines ne doivent pas être endommagées ni porter des traces de moisissures dues à une mauvaise conservation lors du transport. S'ils ont souffert du gel, procédez à leur réchauffement progressif avant la plantation.

De mai à Noël
Les rosiers dont la durée de floraison est la plus longue sont les hybrides de thé. Ils sont en fleurs depuis le milieu du printemps – voire le début dans les régions méridionales – et jusqu'à Noël pour certaines variétés, lorsque les gelées n'ont pas stoppé la végétation. Mais la floraison la plus importante se situe entre juin et octobre. Cet épanouissement des fleurs intervient en plusieurs périodes d'où l'appellation de remontant. Une fois la première éclosion de boutons, coupez les fleurs fanées. De nouveaux bourgeons apparaissent et fournissent à leur tour des fleurs quelques semaines plus tard. On peut ainsi, selon le climat, obtenir deux ou trois remontées de fleurs.

Conseil :
Méfiez-vous des coloris des fleurs imprimés dans les catalogues. La rose bleu pur n'existe pas ! Avant de commander, cherchez à connaître la véritable couleur des pétales. Cela vous évitera bien des déconvenues. Surtout si vous avez cherché à harmoniser les tons dans un massif varié.

L'anatomie du rosier moderne
C'est peut être la variété des formes et des coloris qui sont à l'origine de la célébrité de

la rose. Du rosier botanique à cinq pétales aux roses modernes qui en possèdent plus de cinquante, les formes des fleurs permettent de composer des massifs ou des bouquets très divers.

Les hybrides de thé ont des fleurs dites « doubles » ou « très doubles », c'est-à-dire avec plus de 25 pétales. Les étamines sont, la plupart du temps, invisibles, cachées par les pétales.

Sachez également qu'on dénombre plus de 800 coloris différents !

Il n'y a guère que le bleu et le noir purs à ne pas figurer sur la palette des couleurs. Le feuillage est lui aussi très varié, tant dans sa forme que dans ses tons. Il est composé de petites feuilles, les folioles, en nombre impair, qui diffèrent sur chaque rameau. En principe, entre trois et sept selon la place qu'elles occupent. Ces folioles sont la plupart du temps dentées sur leurs bords.

Les coloris s'étalent du vert clair au vert pourpre, en fonction des variétés mais aussi de la saison.

Quant aux épines, il s'agit en fait d'aiguillons qui prennent naissance dans l'écorce. Selon les espèces et les variétés de rosiers, ils peuvent être fins et pointus ou épais et crochus. Leur importance en nombre change également d'une variété à l'autre. Certains rosiers en sont même dépourvus, tandis que d'autres en possèdent presque tous les millimètres.

La plantation des rosiers en massif est la plus courante. Ils peuvent être seuls ou associés à des plantes annuelles ou vivaces.

Buissonnant ou tige

Les rosiers ont, en général, une forme buissonnante. Les premiers rameaux sont situés à quelques centimètres du sol et forment une boule plus ou moins régulière. La longueur des rameaux varie d'une vingtaine de centimètres à plus d'un mètre, la fleur, unique ou en bouquet, étant placée à l'extrémité du rameau. Il est cependant possible de trouver des hybrides de thé greffés sur une tige haute d'un mètre, sorte de tronc surmonté d'un bouquet de feuilles et de fleurs.

Il s'agit alors de rosiers dits tiges ou demi-tiges, selon la hauteur.

Les formes buissonnantes sont à planter en massifs, en groupant les variétés par trois ou cinq pour obtenir le meilleur effet.

Les tiges sont plutôt à placer isolées sur une pelouse ou au milieu d'un massif de plantes annuelles qu'elles dominent, donnant ainsi du relief à la plate-bande.

L'utilisation des rosiers

Première fleur parmi toutes les autres à être plantée dans un jardin, la rose trouve mille endroits où se nicher, du bord de fenêtre, dans un bac, jusqu'au pied d'un vieux mur qu'elle égaie de ses couleurs.

En massif, le plus courant

La plantation des rosiers en massif est la forme la plus couramment utilisée. Mais pour que ces végétaux produisent le meilleur effet, il est nécessaire de respecter quelques règles.

En premier lieu, il est préférable de choisir une même espèce de rosiers. Ne mélangez pas des rosiers à grandes fleurs uniques au bout de leur tige avec des *Polyanthas* garnis de nombreux bouquets de petites fleurs. Votre massif doit avoir une certaine unité. Ensuite, essayez plutôt d'obtenir un effet de masse qu'un patchwork de coloris qui ne s'harmonisent pas toujours entre eux. Aussi, il est préférable de faire des taches avec un minimum de huit à dix pieds de la même variété, et d'éviter de mélanger entre eux plusieurs coloris dans un même massif. Enfin, plantez vos rosiers avec un espacement d'environ 50 cm entre eux. Lorsqu'ils seront en plein développement, la terre sera complètement masquée,

mais les pratiques culturales ne seront pas gênées par des branches obstruant le passage des outils.

Conseil :

Si votre massif de rosiers est très grand, ne cherchez pas à lui donner du volume en plantant des rosiers de différentes hauteurs. Cela risque

de faire trop fouillis. Préférez planter au milieu, ou en fond s'il est adossé, des rosiers tiges ou pleureurs palissés sur une armature. L'effet sera de plus grande classe.

Les rosiers grimpants

Prévus pour habiller un vieux mur, une tonnelle ou une pergola, le tronc d'un arbre mort, les rosiers grimpants n'ont une bonne tenue que si vous leur offrez une armature sur laquelle vous les attacherez au fur et à mesure de leur développement. Ils ne possèdent, en effet, ni vrilles ni crampons pour s'accrocher d'eux-mêmes. Attention, tous les rosiers grimpants n'ont pas des tiges de la même longueur. Certains ne dépassent pas 2 m, d'autres, au contraire, sont de véritables

Les rosiers grimpants permettent d'habiller de vieux murs, la façade d'une maison ou le tronc d'un arbre mort. Ils peuvent aussi garnir tonnelles et pergolas.

lianes qui courent sur plus de 5 à 6 m. Renseignez-vous sur la croissance de ces rosiers. Cela vous évitera des déconvenues.

Conseil :
Surveillez constamment la pousse des rameaux de manière à les attacher au fur et à mesure de leur croissance. Répartissez bien ces rameaux en n'hésitant pas à en supprimer s'ils sont trop serrés. Le support doit être totalement couvert mais il faut éviter que les roses se gênent entre elles pour bien éclore.

Un tapis de roses
Les pépiniéristes proposent aujourd'hui des variétés de rosiers couvre-sol dont les rameaux courent sur la terre en longs sarments qui arrivent, parfois, à se réenraciner d'eux-mêmes. Ils forment de véritables tapis qui peuvent être placés là où le gazon ne peut venir ou pour garnir des talus. Ces rosiers sont souvent couverts de petites fleurs blanches ou roses, très abondantes, dont la floraison se renouvelle sans cesse durant toute la saison.

Conseil :
Il est important que le terrain soit bien préparé avant la plantation, surtout en ce qui concerne l'élimination des mauvaises herbes. L'abondance des rameaux de ces espèces couvre-sol empêche tout désherbage ultérieur.

Plus agréables et décoratifs que les éternels conifères, les rosiers arbustes ou « paysages » fournissent de très jolies haies libres, en fleurs une bonne partie de l'année.

Le mieux est de prévoir, avant que la végétation ne démarre, un paillis, couverture qui évitera toute germination d'herbe indésirable.

Une clôture fleurie
Pourquoi ne pas remplacer thuyas, troènes et autres plantes de haie par des rosiers arbustifs pour composer une très jolie clôture couverte de fleurs du printemps jusqu'à l'entrée de l'hiver. De nombreuses et nouvelles variétés de rosiers dits « paysage » sont aujourd'hui disponibles et forment des buissons très denses de 1 à 2 m de hauteur, couverts de fleurs simples ou doubles. Attention, ces variétés sont souvent pourvues d'une abondance d'épines qui peuvent les rendre dangereuses si vous avez de jeunes enfants.

Conseil :
Pour éviter que votre clôture ne paraisse trop dégarnie en hiver, après la chute des feuilles, intégrez quelques arbustes qui restent décoratifs

soit par leur feuillage persistant, soit par leur floraison hivernale, soit encore par la couleur de leurs rameaux.

Une roseraie sur la terrasse

Si vous n'avez pas de jardin, rien ne vous empêche d'avoir tout de même des rosiers chez vous. Sur votre terrasse, sur votre balcon ou même sur le rebord de votre fenêtre. La plupart des rosiers poussent très bien plantés dans un bac, qu'il s'agisse de rosiers buissons ou de grimpants. De plus, il existe des variétés miniatures, à petit développement, qui poussent dans un simple pot de fleurs. Votre seule préoccupation sera d'arroser souvent ces rosiers qui, plus que ceux plantés en pleine terre, sont soumis aux conditions climatiques et notamment à la sécheresse. L'hiver, il vous faudra peut-être aussi les protéger du froid pour éviter que leurs racines ne se trouvent prisonnières d'une terre complètement gelée.

Conseil :

Qu'il s'agisse de rosiers grimpants ou en buisson, choisissez tout de même des variétés à petit développement pour vos plantations sur balcon. Leur hauteur doit être proportionnée à la taille du bac ou de la jardinière dans laquelle ils sont placés et, pour les sarmenteux, ils ne doivent pas courir jusque chez votre voisin, à moins que celui-ci ne soit d'accord avec cet envahissement floral !

Le coin des fleurs coupées

Faites entrer les roses dans votre maison en réservant un massif « spécial fleurs coupées ».
Bien sûr, vous pouvez toujours faire quelques prélèvements de roses dans vos massifs. Mais pourquoi les dégarnir alors qu'il est si simple de concevoir, dans un coin du jardin, un espace spécialement aménagé pour les fleurs coupées ?
Un coin qui, d'ailleurs, n'est pas à réserver uniquement aux roses mais où vous pourrez également planter d'autres fleurs à bouquets. Pour vos roses, choisissez des variétés à grandes fleurs et uniflores. Mais, pour réaliser de jolies garnitures de table, plantez aussi des *Polyanthas* qui vous permettront de cueillir des petites fleurs en bouquets que vous piquerez dans de la mousse spéciale.

Conseil :

Avant de couper des fleurs sur un rosier, attendez une année ou deux. Votre rosier doit être bien installé dans le sol, sinon vous risquez de vite l'épuiser.
Faites également votre cueillette le matin ou le soir, jamais en pleine journée si vous souhaitez voir longtemps votre bouquet dans votre vase.
Et enfin, choisissez de préférence des roses en boutons qui s'épanouiront lentement dans votre intérieur.

Même sur une toute petite surface comme une terrasse, un balcon ou un rebord de fenêtre, il est possible de planter un rosier.

Cueillies juste au moment de leur éclosion, les roses peuvent faire de très jolis bouquets qui durent une quinzaine de jours.

La plantation et l'entretien

Les rosiers sont peu exigeants sur l'emplacement que vous leur attribuerez. Mais que cela ne vous empêche pas de prendre toutes les précautions nécessaires pour assurer leur reprise et surtout leur pérennité. En dehors de la taille nécessaire chaque année pour obtenir une belle floraison, certaines opérations d'entretien sont utiles pour la croissance régulière du rosier.

Le choix de l'emplacement

Les rosiers aiment bien le soleil et les situations aérées. Ce qui ne veut pas dire ventées. Le vent ou les courants d'air risquent d'ailleurs d'endommager leur longues tiges et les fleurs situées à l'extrémité. Évitez aussi les emplacements trop ombragés, le dessous des arbres, l'abri d'un mur, là où une humidité stagnante entraînerait une pourriture des racines et favoriserait le développement de certaines maladies.
En ce qui concerne le sol, les rosiers sont assez peu difficiles mais ils préfèrent les terrains un peu lourds aux terres légères. Si votre massif est trop sablonneux, il faudra apporter de l'humus. Ce qu'ils redoutent le plus, c'est le calcaire. Si, malheureusement, c'est le cas dans votre jardin, changez carrément tout le sol du massif sur une quarantaine de centimètres de profondeur et remplacez-le par une bonne terre de jardin.

Conseil :

Il n'est pas toujours facile de connaître le porte-greffe sur lequel a été greffée la variété que vous avez acquise. Sachez toutefois qu'un rosier greffé sur *Rosa canina* s'adapte à pratiquement toutes les natures de sol et résiste aux conditions climatiques dures comme la sécheresse.

La préparation du terrain

C'est une opération importante de laquelle dépend la reprise et la durée de vie de votre rosier. S'il s'agit d'un massif que vous créez pour la première fois, il est nécessaire que vous interveniez quelques jours, si ce n'est quelques semaines, avant la plantation. Faites un labour profond d'au moins quarante à cinquante centimètres. Profitez de cette opération pour enfouir un bon engrais de fond. Vous trouverez dans le commerce des engrais spécifiques pour les rosiers. Si vous utilisez du fumier, il est important qu'il soit incorporé en

Après avoir creusé le trou de plantation, faites un apport d'engrais de fond qui aidera à la reprise du rosier.

Habillez les racines, c'est-à-dire couper l'extrémité des racines principales pour provoquer le départ du chevelu.

profondeur pour éviter que sa décomposition brûle les racines. Si la terre retient trop l'eau, vous pouvez drainer le fond du trou en disposant un lit de graviers sur cinq à six centimètres. Il vous faut alors creuser un peu plus profond. Lorsque vous plantez un rosier dans un massif déjà existant, un bon labour suffit pour aérer la terre. Celui-ci peut être réalisé juste avant la mise en place. Dans ce cas, l'apport de fumier est à proscrire. Profitez aussi de ce labour pour modifier la nature de votre terre si elle n'est pas parfaitement végétale. Dans un sol lourd et imperméable, incorporez un peu de sable non calcaire. À l'inverse, s'il s'agit d'une terre très sableuse et ne retenant pas l'humidité, mélangez de la tourbe ou du terreau pour lui donner un peu plus de corps.

Conseil :
Profitez de ce travail du sol pour éliminer toutes les mauvaises herbes des racines. Par contre, vous pouvez laisser quelques cailloux, sauf s'ils sont coupants. Ils serviront à drainer le sol et éviteront à l'eau de rester à proximité des racines.

Trempez les racines dans un mélange de terre, de fumier et d'eau pour qu'elles soient bien gainées de cette boue.

Le bourrelet de greffe doit être situé au niveau de la terre. Il ne doit pas être enterré. Le manche d'un outil peut vous servir de niveau.

La préparation du rosier
Avant de le mettre en place, il est bon de préparer le rosier. Cette opération consiste à couper une partie des rameaux et des racines. Vérifiez l'état des branches et coupez leur extrémité surtout si vous vous apercevez qu'elle est sèche ou noire. Si vous avez acheté un rosier de qualité, il ne devrait pas y avoir de bois mort. Mais si vous en voyez, coupez-le. La plupart des rosiers du commerce sont déjà préparés pour la plantation. Ne taillez que deux à trois centimètres pour supprimer les extrémités qui sont sèches. En revanche, s'il s'agit d'un rosier que vous avez arraché vous même pour le replanter chez vous, ne laissez que trente à quarante centimètres de tiges. Vous procéderez à une taille plus sévère au début du printemps.

Étalez bien les racines dans le fond du trou pour que le rosier ait une bonne assise.

Une fois le trou rebouché, arrosez abondamment pour que la terre adhère bien aux racines et qu'il n'y ait pas de poche d'air.

Il est utile de couper un ou deux centimètres au niveau des racines. Ne supprimez surtout pas le chevelu, ces racines grosses comme des cheveux sont les plus utiles à la plante. Elles lui permettent d'absorber l'eau et les éléments nutritifs contenus dans le sol. Par contre, coupez toutes les racines abîmées par l'arrachage ou le transport. Ensuite, si vous souhaitez mettre toutes les chances de reprise de votre côté, procédez au pralinage. Cette opération consiste à tremper les racines dans une sorte de boue constituée de terre et d'eau, éventuellement complétée d'un peu de fumier. Cela permet de bien enrober les racines, de faciliter l'émission de radicelles, et donc une meilleure installation.

Conseil :
Prenez un sécateur bien affûté pour tailler rameaux et racines. Vous devez couper sur des tissus vivants de façon à ce que, d'une part, les tiges puissent émettre des bourgeons au printemps et que, d'autre part, les racines se divisent pour absorber une plus large quantité de nourriture et d'eau et assurer aussi une meilleure stabilité au rosier.

La mise en place
Pour planter le rosier, commencez par creuser un trou dont le diamètre sera suffisant – environ 30 à 40 cm de large – pour que toutes les racines entrent sans se recourber. La profondeur est guidée par la hauteur des racines. Le départ des branches doit se situer à environ 2 à 3 cm au dessus du niveau du sol.
Déployez bien les racines en les répartissant sur le fond du trou. Rebouchez ensuite avec de la terre assez finement émiettée, pour qu'elle adhère bien aux racines et qu'il n'y ait pas de poche d'air. Tassez soigneusement la terre autour du pied et arrosez copieusement, même si le sol est déjà bien mouillé. Cette eau, en s'infiltrant, entraînera la terre, comblera les éventuelles cavités et la fera bien coller aux racines.

Conseil :
Pour protéger votre rosier du froid, recouvrez les rameaux par une butte de terre. Vous l'ôterez au moment du départ de la végétation. Évitez d'utiliser une terre trop humide et collante. Par ailleurs, il est tout à fait déconseillé de planter un rosier lorsqu'il y a de la neige ou lorsque la terre est gelée. Il est alors préférable de placer votre rosier en jauge dans la tourbe en attendant le moment opportun pour le planter. Enfin, veillez à ne pas mettre les racines en contact avec un engrais, qu'il soit organique ou chimique.

La bonne époque
Bien qu'il soit désormais possible de planter des rosiers toute l'année, la meilleure époque se situe, cependant, durant le repos de la végétation, de fin octobre à mars-avril selon les régions.
Sachez aussi que les plantations effectuées en automne vous permettront d'avoir une floraison plus précoce. Ce sont les rosiers vendus à racines nues qui se mettent alors en place.
Pour les rosiers en conteneur, il est possible de les mettre en terre durant toute l'année. Mais il est préférable de s'abstenir de toute plantation durant

L'acidité du sol
Pour connaître l'acidité du sol, le pH, faites procéder à une analyse de votre terre. Renseignez-vous dans votre jardinerie pour connaître l'adresse d'un laboratoire d'analyse du sol. L'idéal pour un rosier est un pH de 6 à 6,5 c'est-à-dire légèrement acide ; le pH va de 1 à 14, 1 correspondant à un sol très acide, 14 à un sol très alcalin, 7 étant celui d'un sol neutre. Si votre terre est trop acide, corrigez en incorporant de la chaux lors de la préparation du trou de plantation. À l'inverse, s'il est trop alcalin, mélangez du sulfate d'ammoniaque ou de potasse. Ces produits se trouvent facilement en jardineries ou dans les magasins des coopératives agricoles.

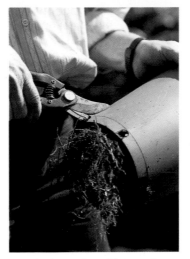

Si vous n'avez pas la possibilité de planter vos rosiers aussitôt votre achat effectué, placez-les en jauge, sorte de rigole dans laquelle ils sont mis en oblique. Rebouchez ensuite et humidifiez la terre.

Lorsque les racines dépassent du conteneur, il est préférable de sacrifier ce conteneur plutôt que de les endommager. En effet, les radicelles sont essentielles pour l'alimentation de la plante.

Lors de la plantation de vos rosiers, vérifiez bien qu'il n'y a pas de départ de rejets situés en dessous du bourrelet de greffe. Sinon, coupez-les car ils épuisent la plante et ont une végétation différente de la variété greffée.

les fortes chaleurs estivales, lorsque l'évaporation est très forte.

Pour ces rosiers en conteneur, vous devez porter une très grande attention

à l'arrosage car les pertes en eau sont importantes. Il peut être nécessaire d'arroser quotidiennement de manière à compenser l'évaporation.

Si vous transplantez

Si vous déplacez un rosier, il est préférable d'effectuer cette opération en automne. Commencez par bien mouiller le sol de manière à ce qu'il reste compact lors de l'arrachage.

Raccourcissez ensuite les branches d'environ deux tiers de leur longueur. Puis, arrachez le rosier avec une bêche en prenant soin de couper le moins possible de racines et faites une motte autour des racines. Si vous avez à déplacer la motte sur une longue distance, emmaillotez-la dans une toile ou bien dans un filet plastique que vous

Aérez le sol

Les eaux de pluie et d'arrosage ont tendance à rendre le sol compact ce qui forme une croûte superficielle. L'air pénètre ainsi difficilement jusqu'aux racines ce qui, à terme, peut provoquer l'asphyxie de la plante.

Pour remédier à cet inconvénient, binez ou griffez régulièrement le pied des rosiers pour casser cette croûte. En hiver, faites un léger labour – un béquillage – dans vos massifs, non seulement pour enfouir un engrais ou les quelques mauvaises herbes encore en place mais aussi pour bien aérer. Entre cinq et dix centimètres suffisent car au delà vous risquez d'endommager les racines.

ôterez lors de la plantation. La mise en place s'effectue ensuite de la même façon que pour un rosier nouvellement acheté.

À quelle distance planter ?

Les rosiers à grandes fleurs ayant un développement assez important, il est conseillé de ne pas planter les pieds trop serrés. Même si cela donne une impression de dénudé au massif. La distance idéale varie entre quarante et cinquante centimètres.

Placez vos rosiers de préférence en quinconce pour éviter des alignements trop rectilignes. Pour obtenir un aspect suffisamment garni, nous vous conseillons aussi de planter un minimum de trois pieds par variété. Mais sachez qu'il vaut mieux ne pas trop mélanger les coloris dans un même massif si l'on veut obtenir un très bel effet. Agissez plutôt par grosses taches.

La nourriture

Chaque début de printemps, à l'époque de la taille, apportez de la nourriture à vos rosiers sous forme d'engrais. Vous trouverez dans le commerce des engrais spécifiques pour rosiers, comprenant de l'azote (N), du phosphate (P) et de la potasse (K). Certains engrais possèdent, en plus, des oligo-éléments comme le fer ou le magnésium, qui sont très utiles

Un lit de paille au pied du rosier le protège du froid et des gelées. 15 à 20 cm sont suffisants.

à leur croissance, palliant certaines carences du sol. Cet apport d'engrais peut être renouvelé une à deux fois dans l'année selon la vigueur du rosier, de manière à les aider à refleurir. Vous pouvez également utiliser une fumure que vous aurez constituée vous-même à partir des déchets végétaux du jardin, des coupes de gazon ou à partir des résidus du potager.

Cette fumure sera enfouie lors d'un labour effectué en hiver. Mais attention, il est important que cet engrais organique soit très bien décomposé avant d'être incorporé au sol, sinon vous risquez d'endommager les racines.

Conseil :

Respectez bien les doses préconisées par les fabricants d'engrais. Tous ne proposent pas la même formule même s'il y a peu de différences. Trop de

Contre le froid

Lorsque toutes les fleurs sont fanées, vous pouvez tailler les rameaux à environ cinquante centimètres du sol. Ne coupez pas plus court car l'extrémité de ces tiges risque de geler et il ne vous resterait plus rien à tailler au printemps ! Pour protéger vos rosiers du froid, et surtout du gel, recouvrez les branches par une butte de terre émiettée que vous retirerez au printemps. Mais vous pouvez aussi emmailloter vos plantes dans des voiles de protection spécialement conçus pour cela. Ils n'empêchent pas la plante de respirer ni de voir la lumière du jour mais la protègent assez efficacement contre les gelées.

nourriture est aussi néfaste que pas assez. Enfin, évitez de mettre cet engrais sur les rameaux ou les feuilles.

L'arrosage

En général, les rosiers résistent assez bien à la sécheresse. Mais, cependant, n'hésitez pas, en plein été, à les mouiller copieusement chaque semaine. Vous favoriserez ainsi la floraison. Prenez soin, lors de ces arrosages, de ne mouiller ni les fleurs ni les feuilles. Dans le premier cas, les gouttes forment une loupe et risquent de provoquer des brûlures.

Dans le second cas, l'eau peut favoriser l'apparition de maladies.

Pour conserver l'humidité au sol, procédez à un paillage. Il s'agit d'épandre sur le sol une couche de trois à quatre centimètres de tourbe, de paille hachée ou d'écorce de conifères pour diminuer l'évaporation et ainsi retenir l'eau dans la terre. De plus, ce paillage empêchera la levée des mauvaises herbes. En hiver, vous enfouirez le paillage par un léger labour.

Conseil :

Il est toujours préférable d'arroser copieusement un rosier une fois par semaine plutôt qu'un peu tous les jours. De même, il est préférable d'arroser le soir ou la nuit que le matin, à condition que la nuit ne soit pas trop fraîche. L'eau pénètre ainsi profondément dans la terre avant que la chaleur de la journée ne la fasse s'évaporer.

Le désherbage

Rien n'est plus laid qu'un massif de rosiers envahi par les mauvaises herbes, aussi binez régulièrement chaque pied de rosier. Cette opération permettra également d'aérer le sol.

Pour plus de facilité, il existe dans le commerce, des désherbants spécifiques aux rosiers et arbustes qui empêchent toute germination de mauvaise herbe.

L'application de ces désherbants se fait au printemps, après un labour superficiel qui aura éliminé toutes les plantes adventices.

Présentés sous forme de granulés, ces désherbants s'épandent régulièrement sur le sol. En général, une seule application par an suffit.

On reconnaît facilement les gourmands d'un rosier. Les folioles qui constituent la feuille sont nettement plus petites, avec des bords dentées et piquants. À gauche, les feuilles d'un rosier, à droite, celles d'un gourmand.

Sur les rosiers à grandes fleurs, pour que celles-ci soient plus grosses, coupez les autres boutons qui entourent la fleur principale. Cette opération s'appelle l'éboutonnage.

Conseil :

Antigerminatifs, les désherbants sélectifs du rosier n'éviteront pas cependant la croissance du liseron ou du chiendent qui se multiplient par boutures de racines. Vous devrez donc lutter contre ces envahisseurs par des désherbants spécifiques, en applications localisées.

Drageons et gourmands

Ce sont des pousses qui sortent du sol et épuisent inutilement la plante. Les drageons sont directement issus des racines, les gourmands venant juste en dessous du point de greffe. Dès leur apparition, il faut les couper à la bêche ou au sécateur, sans abîmer le rosier. Il est facile de les reconnaître car ils sont souvent d'une croissance très rapide et dépassent le rosier en hauteur. De plus, ils sont frêles et portent des feuilles plus petites et beaucoup plus claires que celles du rosier, avec une forme différente de la variété plantée.

La taille des rosiers

Même laissés à l'abandon, tous les rosiers fleurissent. Mais en les taillant régulièrement, vous obtiendrez une floraison plus abondante et renouvelée, tout en maintenant à votre rosier un port esthétique.

Les rosiers buissons

La taille de ces rosiers, qu'ils soient à grandes ou à petites fleurs, s'effectue en février ou mars selon le climat.

Elle consiste à choisir un certain nombre d'yeux, ou bourgeons, qui émettront des rameaux florifères, et de leur faire bénéficier d'un apport maximum de sève. Ces yeux se reconnaissent facilement car ils sont toujours placés au dessus d'une cicatrice laissée par la feuille venue l'année précédente. De point noir au tout début du printemps, ils prennent une teinte rougeâtre au fur et à mesure qu'avance la saison.

Commencez par sélectionner le nombre de branches qui formeront la charpente du rosier tout en éliminant les tiges grêles qui ne font qu'épuiser la plante.

Sur un jeune rosier, trois à quatre départs sont suffisants.

Sur un pied âgé, six à sept branches sont un maximum.

Il est surtout important de dégager le centre du buisson pour faciliter son aération lorsqu'il est complètement développé.

Sur chaque rameau retenu, en fonction de la vigueur du rosier, coupez au dessus d'un œil dirigé vers l'extérieur.

Si le rosier est faible, taillez au dessus du deuxième ou troisième œil à partir de la base.

S'il est vigoureux, laissez quatre à cinq yeux.

Dans tous les cas, n'hésitez pas à couper le plus près possible de la base, même si vous avez l'impression qu'il ne reste plus rien !

Si vous coupez trop haut, vous aurez un rosier dégarni du pied et si vous laissez trop d'yeux émetteurs de rameaux florifères, les roses seront plus petites et les tiges moins vigoureuses.

Conseil :

Ne taillez ni trop tard, ni trop tôt. Dans le premier cas, vous retarderez la première floraison et celles qui lui succèderont. Mais si vous taillez trop tôt, vous risquez de voir un rameau commencer à se développer avant que le rosier soit à l'abri des dernières gelées.

Le froid risque alors de brûler la jeune pousse et il deviendra nécessaire de recouper plus bas, ce qui n'est pas toujours possible lorsque le rosier manque de vigueur.

Les rosiers grimpants

L'époque de taille est la même que pour les rosiers buissons, c'est-à-dire de février à début avril selon les régions, pour les rosiers grimpants remontants, ceux qui ont plusieurs floraisons.

Commencez par supprimer, à la base, les branches les plus âgées. Elles ont une teinte brune et le bois paraît très sec.

En revanche, conservez les jeunes pousses vertes qui serviront de charpentes.

De jeunes rameaux se sont développés sur celles-ci, que vous taillerez à trois ou quatre yeux à partir de leur base.

En ce qui concerne les branches de charpente, rabattez-les d'environ un quart de leur longueur.

De même que pour les rosiers buissons, plus le pied de rosier est vigoureux, plus vous pouvez conserver de branches servant de charpente et laisser d'yeux sur les rameaux latéraux.

La taille des rosiers buissons

1. Commencez par couper le vieux bois, celui qui est sec et dégagez le centre de la touffe pour l'aérer.

2. Taillez toujours en biseau pour que l'eau de pluie ne reste pas sur la plaie, juste au dessus d'un œil (départ d'un bourgeon).

3. Sur les plaies les plus importantes, passez un coup de cicatrisant. Vous éviterez ainsi aux maladies et autres parasites d'endommager votre rosier.

4. Conservez 2 ou 3 branches principales chacune portant entre 3 et 5 yeux selon la vigueur du rosier.

La taille des rosiers grimpants

5. Coupez au dessus d'un nouveau départ de rameau et palissez-le solidement. La coupe doit être nette, sans lambeau d'écorce.

6. Coupez les petits rameaux latéraux à 2 ou 3 yeux qui bénéficieront d'une sève mieux répartie.

7. Une fois la taille terminée, répartissez régulièrement les branches restantes pour couvrir au maximum l'ensemble du support.

La taille des rosiers arbustes

8. Avec un ébrancheur, sectionnez les plus grosses branches et celles qui sont trop anciennes.

9. N'hésitez pas à couper les branches les plus longues pour que la base ne soit pas trop dégarnie.

La taille du rosier tige

10. Sur les rosiers tiges, la taille consiste à conserver au pied une forme régulière, en supprimant, entre autres, les pousses en surnombre.

11. Éliminez également les jeunes rameaux trop grêles qui, de toutes façons, ne porteront certainement pas de fleurs.

12. Défourchez les branches pour que les fleurs aient la place de se développer et que les rameaux ne soient pas trop enchevêtrés.

17

Pour les rosiers grimpants non remontants, la taille intervient dès la défloraison. Supprimez les branches de charpente trop vieilles, celles qui n'émettent plus de rameaux latéraux, ainsi que les tiges qui ont porté des fleurs pour favoriser le départ de nouvelles pousses qui fleuriront au cours de l'année suivante.

Conseil :
Dépalissez toutes les branches servant de charpente pour les attacher de nouveau à l'horizontal. Vous favorisez ainsi le départ de nouvelles pousses qui fleuriront au cours de l'année.

Les rosiers arbustifs
La taille de ces rosiers s'effectue également à la fin de l'hiver.
Très simple, elle consiste principalement à supprimer les branches trop âgées qui ne portent plus de fleurs. Pour les jeunes rosiers fraîchement plantés, contentez-vous de rabattre les tiges d'environ un tiers de leur longueur. Cela permet une division de la touffe. Ce n'est que lorsqu'ils ont 2 ou 3 ans, quand ils ont atteint leur complet développement et formé un beau buisson bien garni, que vous pouvez commencer à éliminer les rameaux les plus anciens en les coupant le plus près possible du sol. Pensez également à aérer le centre en enlevant quelques pousses depuis la base.

La coupe d'automne
Dès que la floraison est terminée, vous pouvez rabattre toutes les branches du rosier à une cinquantaine de centimètres au dessus du sol.
Éliminez également les rameaux morts, les éventuels fruits et les boutons floraux qui ne se sont pas développés.

Conseil :
Ne cherchez pas à trop intervenir sur ces rosiers qui aiment à pousser d'une manière un peu désordonnée. Vous devez leur conserver cet aspect sauvage qui fait toute leur beauté, particulièrement lorsqu'ils sont plantés en remplacement d'une haie.

Les rosiers tiges
La taille se pratique exactement comme pour les rosiers buissons, à ceci près que vous devez compter le nombre d'yeux à conserver en prenant comme point de départ le niveau de la greffe située en général au sommet du tronc.
Pour les formes pleureuses, supprimez les vieux rameaux et coupez ceux restant en leur laissant une longueur de 30 à 50 cm selon la vigueur de l'arbuste. Cette taille se réalise en février-mars.

Conseil :
Pour les rosiers pleureurs, évitez de couper tous les rameaux à la même longueur pour que son effet soit maximum et que le sommet soit complètement dégarni.

Les autres rosiers

Rosiers miniatures :
réalisée en février-mars, la taille des rosiers miniatures consiste à supprimer les rameaux les plus chétifs et à conserver quatre à cinq yeux sur les branches restantes.

Rosiers anciens :
la plupart du temps, sur ces rosiers non remontants, la taille se pratique après la floraison, en fin d'été. Supprimez les branches mortes et les vieux rameaux. Coupez les autres branches d'environ un tiers de leur longueur.

Que faire des coupes ?
Toutes les tailles de rosiers, que ce soit celles du printemps ou les coupes d'entretien, sont à brûler.
Ne les mettez pas sur votre tas de compost, leur décomposition est beaucoup trop longue car, la plupart du temps, les rameaux se sont lignifiés.
De plus, vous risquez de conserver certains parasites ou maladies.

de charpente sont trop nombreuses ou quand la floraison est moins abondante, rajeunir votre rosier. Il s'agit alors d'une taille sévère qui consiste à couper, avec un gros sécateur, voire une scie, la base des plus gros rameaux de façon à éliminer le vieux bois et favoriser le départ de nouvelles pousses très près du pied. Attention, toutes les variétés n'acceptent pas ce rajeunissement et il est prudent de se renseigner auprès d'un pépiniériste avant de commencer.

Conseil :
Plutôt que de vouloir faire du neuf avec de l'ancien, mieux vaut carrément arracher votre rosier et replanter, à la place, un jeune pied de la même variété. Peut être un peu plus faible, la première année, il aura vite fait de rattraper ses aînés. Si vous n'êtes pas sûrs de retrouver la même variété, ou si vous avez oublié son nom, rien ne vous empêche de prélever des bourgeons sur le vieux pied et de les greffer vous-même.

Éliminez les fleurs au fur et à mesure qu'elles fanent. Vous favoriserez ainsi le départ de nouvelles pousses porteuses de fleurs.

La taille de rajeunissement

Même très bien entretenus, les rosiers ne sont pas éternels. Il vous faudra, un jour, procéder à leur remplacement parce qu'ils sont trop âgés. Mais avant d'en arriver à cette extrémité, vous pouvez, lorsque les branches

Coupez les fleurs fanées

Tout au long des mois d'été, il est important de couper les fleurs fanées. Il ne s'agit pas à proprement parler d'une taille. Mais cette coupe favorise le départ de nouveaux bourgeons qui émettront de nouvelles tiges florales.
Sur les rosiers à grandes fleurs, on coupe au dessus du premier bourgeon situé à la naissance d'une feuille inférieure, en général, la seconde ou la troisième sous la fleur fanée.

La multiplication des rosiers

Agrandir son massif à partir de végétaux déjà plantés, ramener chez soi une variété admirée chez un parent ou un ami, tout est possible si vous savez prendre les précautions nécessaires à la multiplication ou à la reproduction des rosiers. Trois procédés sont à votre disposition : le bouturage, le marcottage et le greffage. Quant au semis, il est destiné à produire des porte-greffes ou de nouvelles variétés.

Le bouturage

Ce procédé permet, à partir d'un simple rameau, de reproduire la variété mère à l'identique. Il offre, en plus, l'avantage de donner des rosiers exempts de drageons. On dit de ces rosiers qu'ils sont francs de pied.

On peut faire des boutures à partir de la plupart des rosiers, et notamment les hybrides de thé. Il faut simplement savoir que certaines variétés perdent un peu de leur vigueur par ce moyen. À l'aide d'un outil très tranchant, prélevez, en septembre, des rameaux pris dans la partie basse du rosier. Il faut que ces rameaux soient aoûtés, c'est-à-dire légèrement lignifiés. Coupez des tronçons d'une quinzaine de centimètres de longueur. Vous ferez vos tailles au dessus d'un œil, dans la partie supérieure, et juste en dessous dans le bas de votre bouture.

Supprimez ensuite les feuilles situées à la base de manière à n'en garder que deux ou trois vers le haut. Pour éviter une trop grande évaporation, coupez aussi quelques folioles sur les feuilles restantes. Dans un pot ou dans un coffre, préparez un mélange composé pour moitié de sable grossier, de 1/4 de tourbe et de 1/4 de terre de jardin, le tout bien humidifié. Tous les 5 cm, plantez vos boutures en les enfonçant d'au moins la moitié de leur longueur. Puis arrosez copieusement. Placez vos pots à l'abri du soleil et du vent. Si vos boutures sont plantées dans un coffre, protégez-les des mêmes éléments climatiques. Il ne vous reste plus qu'à surveiller l'arrosage car le support de culture ne doit jamais être sec. En hiver, protégez efficacement vos plantations contre le froid et, surtout, le gel.

Utilisez un châssis, de la paille sèche ou des feuilles mortes. Si vous en avez pris soin, vos boutures auront émis des racines au mois d'avril. Au printemps, vous pourrez alors les replanter dans un coin du jardin transformé en pépinière jusqu'à ce que vos plants aient atteint la taille nécessaire pour s'intégrer parfaitement à vos massifs.

Prélevez des boutures d'environ 15 centimètres de longueur en coupant au dessous d'un œil, à la base de la bouture, et au dessus, à l'extrémité supérieure.

Faites des petites bottes que vous placez en terre avant de les mettre en végétation. Mettez-les à l'abri du froid et des trop grandes pluies.

Conseil :

Pour favoriser l'émission de racines faites l'achat, dans une jardinerie, d'une poudre d'hormones de bouturage. Plongez dedans la base de vos boutures avant de les mettre en terre. Sachez, enfin, que le bouturage n'est pas le meilleur mode de multiplication des rosiers et qu'il est tout à fait normal d'avoir un taux d'échec avoisinant la moitié de vos tentatives !

Le marcottage

Ce moyen de reproduction du rosier convient surtout aux espèces botaniques. Pour les rosiers à grandes fleurs, le taux de réussite est très faible. Si vous souhaitez cependant tenter l'aventure, il vous suffit de courber une tige et de l'enterrer sous une quinzaine de centimètres de terre meuble en laissant ressortir son extrémité. Auparavant, vous aurez pris soin d'inciser la partie de tige enterrée juste au dessous d'un œil et de supprimer toutes les feuilles appelées à être recouvertes de terre. Vous pouvez aussi, comme pour les boutures, appliquer des hormones sur la partie incisée. Le marcottage se pratique entre mai et août. L'année suivante, au printemps, lorsque la tige enterrée a produit des racines, il ne vous reste plus qu'à sectionner le rameau de son pied-mère. Vous ne ferez la transplantation qu'en automne, après l'arrêt de la végétation.

Pour marcotter un rosier, commencez par ouvrir un petit sillon dans lequel vous placerez l'extrémité d'une branche. Cette multiplication se pratique surtout sur les rosiers lianes.

Conseil :

Le procédé est simple, mais cependant très aléatoire quant à sa réussite avec les rosiers à grandes fleurs. De plus il faut avoir des rosiers vigoureux qui possèdent de

Pour que le rameau reste bien en terre, maintenez-le avec un petit cavalier fait à partir d'un morceau de fil de fer. Lorsque le rameau aura émis des racines vous pourrez le couper du pied principal.

nombreuses branches pour pouvoir en sacrifier une à la multiplication.

Aussi est-il préférable, si vous souhaitez reproduire un rosier, d'utiliser d'autres méthodes.

La multiplication *in-vitro*

Il s'agit d'un procédé moderne de reproduction des végétaux à partir d'une simple cellule prélevée sur un pied-mère, la plupart du temps à l'extrémité de la tige. Elle est ensuite déposée sur un lit de substance nutritive et se développe très rapidement. C'est malheureusement une méthode qui ne peut se réaliser qu'en laboratoire étant données les conditions d'hygiène nécessaires. À moins d'être particulièrement bien équipé, abandonnez l'idée de vous lancer dans ce mode de multiplication.

L'avantage de la multiplication *in-vitro* est de reproduire exactement les caractères du rosier sur lequel a été prélevée la cellule et, surtout, de pouvoir multiplier en très grand nombre une même variété à partir d'un seul pied. De plus, les rosiers ainsi obtenus ont, tout du moins au départ, une croissance très rapide. Enfin, ces rosiers sont exempts de toute maladie si la cellule originelle est saine. Ce qui ne veut pas dire qu'ils ne seront pas sensibles, par la suite, aux maladies et parasites. Exactement comme le rosier dont ils sont issus.

Préparez le greffon en coupant le pétiole d'une feuille. Conservez environ 1 cm de ce pétiole.

Avec un greffoir, prélevez un œil. Le greffoir doit passer entre la partie ligneuse et l'écorce.

Sur le porte-greffe, faites une incision en T. Puis, avec la spatule du greffoir, soulever l'écorce de chaque côté de la barre verticale du T.

Le greffage

Le greffage effraie bon nombre de personnes tant elles croient le procédé difficile à réaliser. Ce qui est faux car s'il existe des greffes compliquées, celle du rosier est très simple. C'est, de plus, le moyen de multiplication qui offre les meilleurs résultats et permet, à partir d'un seul pied, de reproduire en grand nombre une variété. La greffe utilisée pour le rosier est dite en écusson. Elle se pratique entre juillet et septembre, à œil dormant, c'est-à-dire que le bourgeon prélevé ne se développera qu'au printemps suivant. Commencez par sélectionner le rosier sur lequel vous ferez votre greffe. Celui-ci peut être obtenu par un semis de

graines ou, plus simplement, par la transplantation, l'automne précédant votre greffage, d'un pied d'églantier sauvage dont les tiges ont un diamètre inférieur à 1 cm. Prélevez ensuite le greffon sur le pied-mère (la variété que vous souhaitez multiplier). Pour cela munissez-vous d'un greffoir très bien affûté. Il doit couper comme une lame de rasoir.

Sur un rameau sain et vigoureux, dans sa partie médiane, coupez les feuilles en laissant un petit bout de 1 cm environ de pétiole.
Avec le greffoir, faites une entaille 1 cm à 1,5 cm au dessus d'un œil situé à la base de ce pétiole.
Descendez ensuite le greffoir en le faisant passer derrière l'œil, entre l'écorce et la partie ligneuse du rameau.

Le rosier du chien

La plupart des rosiers que vous achetez dans le commerce sont greffés sur *Rosa canina* ou rosier du chien. Ce porte-greffe est très résistant et s'adapte bien à tous les sols et à la plupart des climats rencontrés dans l'Hexagone.
Si vous le souhaitez, vous pouvez acheter ce *Rosa canina* en vous adressant à un pépiniériste.
Les Romains pensaient que sa racine était efficace contre la rage, ce qui explique son nom !

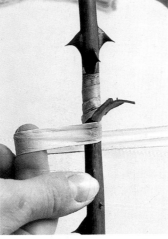

Faites ensuite glisser le greffon à l'intérieur de l'écorce soulevée en vous aidant de la spatule. Évitez d'y mettre les doigts.

Ligaturez enfin avec un lien, le raphia est tout indiqué, pour que le greffon soit bien en contact avec le porte-greffe.

Si votre greffon reste bien vert, c'est que votre greffe est réussie. Dans le cas contraire, au bout d'une quinzaine de jours, il noircit.

Puis ressortez votre greffoir à environ 1,5 cm sous le bourgeon. Vous obtenez ainsi un greffon d'environ 3 cm de longueur.
Sur votre porte-greffe, au niveau où se fait la séparation entre la racine et les tiges – le collet – faites, toujours avec votre greffoir, une incision en T sur le tronc, la partie horizontale au-dessus longue de 3 à 4 cm.
Avec la spatule du greffoir, écartez légèrement l'écorce de chaque côté de la barre verticale du T.
Glissez ensuite entièrement votre greffon sous cette écorce. Vous ne devez plus voir apparaître que le bout du pétiole ainsi que l'œil situé à sa base.
À l'aide d'un morceau de raphia ou avec un lien en plastique, faites une ligature serrée de votre greffe en ne laissant dépasser que le bourgeon.
Attendez 1 mois à 1 mois et demi avant d'enlever le lien.
Ce n'est qu'au printemps suivant que vous sectionnerez les tiges du porte-greffe juste au dessus de votre greffe pour ne laisser croître que les rameaux de votre nouveau rosier.

Conseil :
Attention, il est important qu'il n'y ait pas de « bois » sous l'écorce de votre greffon si vous voulez assurer sa soudure sur le porte-greffe.
Pour travailler avec plus de facilité et prélever aisément le greffon, éviter d'opérer par temps sec.

Enfin, il n'est pas nécessaire d'utiliser un mastic à greffer pour recouvrir votre ligature. La reprise du greffon est très rapide, entre quinze jours et un mois.
Vous verrez cette reprise à la couleur que prendra le morceau de pétiole resté sur le greffon. S'il noircit, votre greffe a échoué. S'il reste vert, toutes les chances de réussite sont de votre côté.

CAHIER PRATIQUE : les parasites

Si les nouvelles variétés mises au point par les hybrideurs sont de plus en plus résistantes aux maladies, il n'en demeure pas moins vrai que la plupart des rosiers font, un jour ou l'autre, l'objet d'attaques de parasites ou encore de maladies.
Le climat humide, le manque de vigueur d'une plante, l'absence d'entretien sont autant de facteurs susceptibles de favoriser leur prolifération.

Les insectes

Le plus commun d'entre eux, sur le rosier, est le puceron vert. Mais l'araignée rouge, la pyrale ou « tordeuse », la tenthrède et la cochenille sont également assez courantes.

Le puceron vert

Dès que les premières feuilles apparaissent, en avril, il est là ! Son lieu de prédilection : l'extrémité des jeunes pousses et les boutons floraux.
Il s'agglutine en grappe épaisse et pique les tissus pour atteindre la sève dont il se nourrit. La partie attaquée dépérit, les boutons floraux avortent, les feuilles se dessèchent. On lutte très facilement contre ce prédateur en pulvérisant sur le feuillage un insecticide systémique.

Celui-ci, véhiculé par la sève, est absorbé par les pucerons qui meurent alors empoisonnés. Au nombre des ennemis naturels du puceron : la coccinelle.
Mais si une lutte biologique est envisageable en culture industrielle, elle est difficile à mettre en œuvre dans le jardin d'un amateur.

Conseil :
Le puceron se reproduit très vite, aussi n'attendez pas pour lutter contre cet

Produit total

Les fabricants de phytosanitaires proposent des produits spécifiques à la plupart des parasites et maladies des rosiers. Mais ils fabriquent également des produits dits totaux qui contiennent à la fois un insecticide et un fongicide. En un traitement, vous luttez ainsi contre les insectes parasites et les maladies cryptogamiques.
Ces produits se présentent soit sous forme liquide, soit en poudre et s'appliquent par pulvérisation ou poudrage. Certains sont également conditionnés en bombe aérosol mais sont conseillés à ceux qui ne disposent que d'un petit nombre de rosiers.

Le puceron vert est un parasite courant des rosiers. N'attendez pas qu'il ait proliféré pour pulvériser un produit phytosanitaire.

La larve de la tenthrède dévore le limbe des feuilles. Luttez dès les premiers symptômes car les dégâts se propagent très vite.

ennemi. Dès la première apparition, faites un traitement sur vos rosiers. Pulvérisez aussi bien les extrémités des tiges et les boutons floraux que les feuilles, dessus et particulièrement dessous. En période de forte infestation, n'hésitez pas à renouveler votre application toutes les deux semaines.

L'araignée rouge
Cet insecte, bien qu'il soit minuscule, se repère toutefois assez facilement grâce à sa couleur rouge caractéristique. Sa cachette est le dessous des feuilles. Comme le puceron, l'araignée rouge suce la sève et entraîne ainsi le dépérissement de la plante sur laquelle elle se trouve. Sa présence est surtout importante par temps chaud et sec et ses attaques les plus nombreuses ont lieu en plein été. On arrive assez facilement à s'en débarrasser par une pulvérisation d'un produit acaricide.

Conseil :
Surveillez régulièrement le dessous des feuilles de vos rosiers car on ne s'aperçoit bien souvent de la présence des araignées rouges qu'une fois le mal fait, lorsque les feuilles jaunissent. Sachez aussi que les araignées rouges pondent des œufs qui hivernent dans le sol. Aussi, luttez contre ce parasite même tard dans la saison.

Les araignées rouges provoquent le dessèchement des feuilles qui jaunissent. Elles se cachent sous le feuillage d'où la nécessité de surveiller régulièrement ses rosiers.

La pyrale
On l'appelle également la « tordeuse ». Il s'agit d'une petite chenille qui s'enroule dans les feuilles des jeunes pousses, d'où son nom. Elle en profite alors pour ronger les feuilles. Mais sachez que la pyrale s'attaque aussi aux boutons floraux. Pour lutter contre la pyrale, utilisez un insecticide systémique qui les détruira rapidement.

Conseil :
Afin d'éviter l'attaque de cette petite chenille, faites un traitement préventif au printemps et renouvelez-le régulièrement.

La tenthrède
C'est une petite mouche qui pond ses œufs sur le bord des feuilles. Elle en profite pour injecter un produit toxique qui fait se recourber les

feuilles, protégeant ainsi sa progéniture. On lutte aussi contre les dégâts provoqués par ce parasite en pulvérisant sur le feuillage un insecticide courant.

Conseil :
Les dégâts de cet insecte sont caractéristiques. Les larves de la tenthrède creusent des galeries à l'intérieur du limbe des feuilles, les transformant ainsi en dentelle lorsqu'il ne reste plus que les nervures. Afin d'éviter l'attaque de ces larves, traitez, de manière préventive, dès l'apparition des premières feuilles, avant même que les mouches n'ait pu pondre leurs œufs.

La cochenille
Sa présence est révélée par l'apparition d'une sorte de petite carapace grise ou brune, collée sur les rameaux ou sous les feuilles. De même que pour les autres parasites, utilisez un insecticide.

Conseil :
Appelé aussi kermès, cet insecte est assez difficile à combattre car le bouclier qui les protège empêche une partie du produit de les atteindre. Insistez bien lors de l'application de votre insecticide en glissant la lance de votre pulvérisateur à l'intérieur même de la touffe de votre rosier.

Trois maladies sont caractéristiques du rosier :
- l'oïdium,
- la rouille,
- les taches noires.

Elles sont dues à des champignons contre lesquels vous lutterez en utilisant un produit anti-cryptogamique par application de pulvérisations.

L'oïdium

Ou maladie du blanc, se caractérise par la présence d'une sorte de poussière blanchâtre sur les feuilles, les rameaux et les boutons floraux. L'apparition de l'oïdium est souvent due à un temps chaud et humide.

Conseil :

Il vaut mieux commencer par traiter préventivement vos rosiers si vous voulez éviter cette maladie, surtout si l'humidité atmosphérique et la chaleur sont importantes. Une pulvérisation tous les 8 à 10 jours peut être nécessaire. Mais le meilleur moyen est encore de planter des variétés résistantes à l'oïdium.

La rouille

Elle se traduit par l'apparition de nombreuses petites taches orangé visibles sur les feuilles. Avec le temps, ces taches deviennent brunes puis noires. Comme pour l'oïdium, son développement est favorisé par la chaleur et l'humidité.

Conseil :

Traitez le rosier sans tarder car la rouille attaque également les tiges et les boutons floraux et son développement est rapide. Les feuilles commencent d'abord par jaunir puis tombent.

Si vous n'avez pu traiter à temps, ramassez les feuilles tombées et brûlez-les, mais ne les conservez surtout pas sur un tas de compost car les spores pourraient alors contaminer d'autres végétaux.

Les taches noires

Ce champignon nocif est aussi appelé marsonia. Sa présence se manifeste par l'apparition de taches noires qui se développent sur la face supérieure de la feuille. Celle-ci se dessèche

---

Précautions d'emploi

Si vous traitez par pulvérisation, agissez de préférence le matin très tôt ou le soir après le coucher du soleil afin que les gouttes d'eau sur le feuillage ne fassent pas loupe, provoquant ainsi des brûlures.

Opérez par temps sec si vous ne voulez pas voir la pluie lessiver votre traitement. Et, surtout, prenez le temps de bien lire la notice du fabricant.

Respectez ses dosages et ses conseils d'emploi. Insecticides et fongicides sont des produits dangereux qu'il convient de manipuler avec d'infinies précautions.

L'oïdium est facile à repérer car les extrémités des pousses sont couvertes d'une sorte de poussière blanche.

Des petites taches orangé sur les feuilles sont caractéristiques d'une attaque de rouille. Brûlez les rameaux contaminés.

La maladie des taches noires est due à un champignon appelé « marsonia ». Elle se traduit par le dessèchement progressif des feuilles jusqu'à leur chute. Le rosier s'affaiblit et se dégarnit.

progressivement jusqu'à sa chute. Le rosier s'en trouve affaibli et se dégarnit de tout son feuillage.

Conseil :
Là aussi brûlez les feuilles atteintes car les spores hivernent très facilement dans le sol.
Traitez préventivement, dès le printemps, car il est assez difficile de s'en débarrasser par la suite.

Les autres ennemis
En dehors de ces principaux ennemis, bien d'autres peuvent attaquer vos rosiers en toutes saisons.

Le thrips
C'est une toute petite mouche qui s'en prend aux boutons floraux, les empêchant d'éclore.

Les otiorrhynques
Ils dévorent le bord des feuilles, les transformant ainsi en dentelle.

Les cercopes
Ils se cachent à la base des feuilles et sucent la sève des rosiers entraînant vite leur dépérissement.

La larve du hanneton ou ver blanc
Elle s'attaque aux racines qu'elle coupe, ce qui provoque le flétrissement des feuilles et des boutons floraux.

Le pourridié
C'est une maladie cryptogamique qui s'attaque aussi aux racines et finit par bloquer la croissance de la plante.

Les carences
Outre les insectes et les maladies, les rosiers peuvent présenter des signes de faiblesse dus à de mauvaises conditions de croissance.

La principale maladie de carence est la chlorose. Elle se manifeste par le jaunissement des feuilles. Celui-ci vient d'un manque, dans le sol, de fer, élément essentiel à la végétation du rosier. Pour lutter contre cette carence caractéristique des sols calcaires, vous répandrez, lors d'un léger labour au printemps, un produit antichlorose à base de fer. Enfin, en apportant de la magnésie et du nitrate de chaux, vous éviterez une autre carence, celle en magnésium, qui empêche un bon développement des feuilles qui prennent alors une couleur pâle.

Le guide
des roses

*Devant tant de formes de fleurs et de coloris,
il n'est pas toujours facile de faire un choix dans
les catalogues des pépiniéristes. Chaque rose
possède son propre attrait. Celle-ci sera retenue
pour son parfum, cette autre pour son abondante
floraison, celle-là pour sa tenue en vase...
Pour vous aider à faire votre sélection, nous avons
regroupé les variétés par ce qui nous semble être
le premier critère de choix : vos goûts.
Bien sûr, il n'est pas question, dans votre jardin,
de les planter séparément. En effet, rien n'est
plus agréable qu'un massif qui exhale un doux
parfum et dans lequel vous irez, de temps à autre,
pour composer un bouquet.
Cette sélection vous guidera pour orienter vos
achats vers une dominante, celle qui fait que
la première fleur que l'on plante dans son jardin
est le rosier.*

Roseraie de l'Hay les Roses.

Les rosiers à grandes fleurs

En général, chaque pied de rosier à grandes fleurs se suffit à lui-même. On peut ainsi le planter, isolé sur une belle pelouse pour qu'il donne tout son éclat. Mais il est certain que regroupé dans un massif, sa force décorative sera multipliée. Les autres variétés aiment à être plantées en groupes pour former des taches vives dans le jardin, dès le printemps et jusqu'au début de l'hiver pour certaines.

Pour obtenir le meilleur effet, il est nécessaire de planter un minimum de 8 à 10 rosiers pour une même tache ; tous étant, bien sûr, de la même variété.
Selon la nature du jardin, vous ferez des massifs aux formes géométriques régulières ou, au contraire, très libres. Mais évitez de placer ces massifs trop près des arbres, ceux-ci risquant de puiser la nourriture apportée dans le sol au détriment de vos rosiers.

Conseil :
Plantez vos rosiers assez serré pour obtenir le meilleur effet. Une distance de 40 cm entre chaque pied est conseillée. Mais cela dépend surtout de la vigueur de la variété. Ne mélangez pas plusieurs coloris dans une même tache, cherchez plutôt à obtenir un effet de masse. Composez des ensembles homogènes, en évitant de placer côte à côte des couleurs qui s'opposent trop violemment.

Variété : Amalia
Obtenteur : Meilland.
La fleur : très grosse fleur pouvant atteindre 14 cm de diamètre et comportant 40 pétales d'un coloris cramoisi. Très bel effet de groupe, la floraison étant constamment remontante. Fournit également des fleurs qui tiennent bien en vase. *Le rosier :* végétation vigoureuse pour cet arbuste qui peut atteindre 1,20 m en hauteur. Le feuillage est vert assez mat et surtout très fourni. Très bonne résistance aux maladies. **Notre avis :** une couleur classique et qui produit toujours un très bel effet dans un jardin, lui apportant une luminosité intéressante. Un massif où vous pourrez puiser pour constituer de jolis bouquets.

Variété : Antigone
Obtenteur : Gaujard.
La fleur : variété intéressante en raison de son coloris qui va du rose indien jusqu'à l'orange. L'effet est ainsi très lumineux surtout lorsque le groupe comporte un minimum de 10 à 12 rosiers. *Le rosier :* hauteur moyenne pour cette variété qui la destine aux massifs appuyés contre une haie ou contre un mur. Le feuillage est vert moyen. **Notre avis :** un rosier séduisant aussi beau en bouton que pleinement ouvert grâce aux divers coloris pris par sa fleur au fur et à mesure de son épanouissement.

Variété : Baronne E. de Rotschild
Obtenteur : Meilland.
La fleur : belle rose comportant 40 pétales d'un coloris rose rouge Solférino à revers argenté. L'ensemble produit un très bel effet en massif. À noter que cette variété est également très parfumée. *Le rosier :* très rustique, il s'adapte à tous les sols et tous les climats. Son feuillage est vert bronze contribuant ainsi à son effet décoratif. Grâce à ses nombreuses ramifications, il forme un buisson bien touffu. Sa hauteur peut atteindre 1 m. **Notre avis :** un beau rosier qui peut former, à lui seul, tout un massif. Sa culture étant facile, rien ne s'oppose à ce que vous le choisissiez comme base au décor de votre jardin.

Variété : Bellissima
Obtenteur : Laperrière.
La fleur : obtention récente d'une fleur au coloris jaune paille, le centre étant plus accentué. La floraison est bien remontante tout au long de la saison. *Le rosier :* végétation haute dépassant couramment le mètre. Plante très rustique s'adaptant à tous les climats. Le feuillage est vert moyen. **Notre avis :** du bouton jusqu'au plein épanouissement, ce rosier produit un effet très lumineux dans un jardin. Recommandé pour éclairer un endroit un peu sombre.

Variété : **Caroline de Monaco**
Obtenteur : Meilland.
La fleur : elle possède un coloris blanc crème très lumineux, avec quelques reflets jaune pâle. Elle est grosse et garnie de 45 pétales. Très florifère. *Le rosier :* plante rustique et robuste, d'un peu moins d'un mètre en hauteur. Feuillage vert sombre contrastant bien avec les fleurs. *Notre avis :* une rose d'une rare élégance aux tons très clairs qui pourra aussi former de jolis bouquets.

Variété : **Château de Versailles**
Obtenteur : Delbard.
La fleur : rose exceptionnelle par son coloris rouge groseille à l'avers et crème argenté au revers, ainsi que par sa forme double et grande. Très bonne remontée en automne. *Le rosier :* feuillage dense formant un buisson épais sur lequel les fleurs se détachent bien. Les feuilles sont vert foncé. Forme de beaux groupes dans un jardin. *Notre avis :* rosier à grandes fleurs intéressant par la beauté de ses fleurs que l'on peut très bien retrouver chez soi, en bouquet.

Variété : **Duchesse de Savoie**
Obtenteur : Laperrière
La fleur : rouge pourpre, elle se présente souvent groupée à l'extrémité des rameaux. Elle a été dédiée à la roseraie de Chambéry lors de son inauguration en 1988. *Le rosier :* il est bien équilbré, sa forme étant régulière tout au long de sa végétation qui reste moyenne. Le feuillage est vert clair et résiste bien aux maladies. *Notre avis :* un rosier recommandé pour former de beaux massifs bien fournis et abondamment fleuris. La fleur est très lumineuse.

Variété : **Ingrid Bergman**
Obtenteur : Poulsen
La fleur : elle est rouge sang et de taille moyenne, le diamètre n'excédant pas 9 cm. Le bouton est ovoïde et original. Floraison bien remontante. *Le rosier :* port érigé mais végétation forte et touffue, la hauteur atteignant 80 cm. Le feuillage est brillant et résiste bien aux maladies. *Notre avis :* une superbe rose qui séduira plus d'un amateur de jolies fleurs. Sa couleur rouge sang est à l'origine de son attrait.

Variété : **Kronenbourg**
Obtenteur : Mac Gredy
La fleur : elle est bicolore, rouge cramoisi à l'avers, jaune crème au revers. Son diamètre est compris entre 12 et 14 cm et le nombre de pétales atteint 30. Le bouton est allongé. *Le rosier :* port érigé et végétation vigoureuse, atteint 1 m en hauteur. Le feuillage est vert moyen, brillant. Bonne résistance aux maladies. *Notre avis :* une rose bicolore, séduisante, parfaite pour constituer de jolis massifs mais aussi de somptueux bouquets pour l'intérieur.

Variété : **Lancôme**

Obtenteur : Delbard.

La fleur : les tons de cette très belle fleur sont peu courants avec des pétales rose cyclamen intense et uni, légèrement plus clair au revers. Elle est également recommandée pour la fleur coupée.

Le rosier : il offre la particularité de présenter des tiges rigides et lisses, peu garnies en épines. Le port est érigé et son feuillage est vert foncé et mat. Il atteint de 0,70 à 0,80 m de hauteur.

Notre avis : si vous voulez être original, voici une variété qui devrait vous ravir étant donné la couleur assez rare de ses fleurs. Très lumineux.

Variété : **Louis de Funès**

Obtenteur : Meilland.

La fleur : elle possède 20 pétales seulement mais d'un coloris très beau, orange capucine. Elle est de longue durée et s'agrémente d'un délicat parfum. Très bonne remontée. *Le rosier :* arbuste très vigoureux qui résiste bien à toutes les attaques de parasites. Le feuillage est vert brillant et il contribue à bien faire ressortir l'éclat des fleurs. La hauteur dépasse souvent le mètre. ***Notre avis :*** l'une des plus belles roses modernes qui soit. À planter absolument dans votre jardin. Elle vous permettra également de composer de somptueux bouquets.

Variété : **Michel Lis**

Obtenteur : Meilland.

La fleur · belle fleur bien formée comprenant une cinquantaine de pétales d'un rouge lumineux qui s'enroulent légèrement sur eux-mêmes au cours de leur épanouissement. *Le rosier :* la plante est saine, son feuillage est vert foncé, mi-mat. La végétation est normale et la hauteur avoisine les 0,90 m à 1 m. ***Notre avis :*** un rosier dédié à l'un de nos plus célèbres jardiniers de l'audiovisuel. C'est une très belle fleur, lumineuse et qui est recommandée pour les massifs.

Variété : **Mme A. Meilland**

Obtenteur : Meilland.

La fleur : c'est une très grosse fleur jaune canari bordée de rose. Sa renommée est universelle tant sa beauté est grande. *Le rosier :* de végétation moyenne, son feuillage est vert foncé faisant très bien ressortir les couleurs de la fleur. Sa hauteur est de 0,80 à 0,90 m. ***Notre avis :*** la rose la plus cultivée au monde et connue également sous le nom de « Peace ». Elle fut offerte aux 49 délégués qui se réunirent en 1945 à San Francisco pour constituer l'Organisation des Nations Unies (O.N.U.). Ses qualités de beauté et de floribondité font qu'elle est présente dans le monde entier. Pourquoi pas chez vous ?

Jardin privé - Dion-le-Mont - Belgique

Les rosiers à fleurs groupées

Rosiers à fleurs groupées, ou rosiers à petites fleurs, ou encore rosiers à fleurs en bouquets, les appellations varient d'un catalogue à l'autre.

Ces rosiers se différencient des précédents par l'inflorescence qui se présente sous la forme d'un bouquet de fleurs, plus ou moins grosses et serrées, à l'extrémité d'une tige qui domine ou non le feuillage.

Ces rosiers constituent de véritables massifs compacts et denses, couverts d'une multitudes de fleurs depuis le printemps jusqu'aux gelées. La plupart du temps remontants, ils donnent, en effet, deux ou trois floraisons pratiquement ininterrompues. Les coloris, simples ou panachés, sont très variés, et certaines espèces fournissent même de très jolies fleurs à bouquets.

Comme pour les rosiers à grosses fleurs, le choix est extrêmement large et c'est bien souvent un coup de cœur qui motivera votre choix.

Conseil :
Pour ce type de rosiers également, évitez de trop mélanger les coloris entre eux. Plantez plutôt par taches homogènes, l'effet de masse étant toujours plus agréable à la vue.

Par ailleurs, n'oubliez pas de couper les fleurs fanées, au moins une fois par semaine, d'une part, bien évidemment, pour que le massif reste bien net, d'autre part, pour favoriser l'émission de nouveaux rameaux porteurs de boutons floraux.

Variété : **Alain**
Obtenteur : Meilland.
La fleur : semi-double, elle est de coloris rouge très brillant. Variété déjà ancienne puisque obtenue en 1945, elle est rapidement devenue une grande classique des massifs de rosiers à fleurs groupées.
Le rosier : port buissonnant et vigoureux. Feuillage vert brillant mettant bien en valeur la couleur des fleurs. Taille entre 0,70 et 0,80 m de haut. **Notre avis :** il existe aujourd'hui de nouvelles variétés qui ont supplanté cet hybride de *Polyanthas*. Mais il est si connu et florifère qu'on le rencontre encore dans de nombreux jardins.

Variété : **Europeana**
Obtenteur : De Ruiter.
La fleur : petits boutons s'ouvrant pour former une corolle double rouge sang, vif et lumineux. Les fleurs sont réunies en larges bouquets qui dominent le rosier. *Le rosier :* de taille moyenne, ce rosier forme une touffe bien dense en raison d'un feuillage abondant, couleur bronze. Très florifère, il atteint une taille de 0,60 à 0,70 m de haut. **Notre avis :** un rosier recommandé pour former de beaux massifs éclatants mais attention, il est assez sensible à l'oïdium.

Variété : **Matangi**
Obtenteur : Mac Gredy.
La fleur : très jolie et originale. Elle est double, avec des pétales orangé sur le dessus et blanc cassé sur le revers. Floraison abondante, très remontante. *Le rosier :* vigoureux, il atteint 0,80 m de haut. Feuillage vert assez sombre et brillant. **Notre avis :** un beau rosier aux tons agréables et aux fleurs légèrement parfumées. Planter un minimum de 4 à 5 pieds pour obtenir un très bel effet de masse.

Variété : **Mathias Meilland**
Obtenteur : Meilland.
La fleur : très joli coloris rouge géranium vif pour ces roses qui se regroupent par bouquets de huit inflorescences par tige. *Le rosier :* il est très vigoureux et possède un feuillage brillant très résistant aux maladies et parasites. La hauteur du buisson atteint environ 0,80 m. **Notre avis :** un rosier magnifique à la floraison ininterrompue de juin jusqu'au gelées. Pour former des massifs très lumineux.

Variété : **Nuage parfumé**
Obtenteur : Tantau.
La fleur : fleur double rouge orangé, assez grosse puisque atteignant 10 à 12 cm de diamètre. Les fleurs sont groupées en un somptueux bouquet et très parfumées. *Le rosier :* arbuste vigoureux au feuillage très dense. Les rameaux ont un peu tendance à s'en aller dans tous les sens. **Notre avis :** un rosier intéressant par son parfum et le coloris de ses fleurs qui viennent en abondance tout au long de la saison. Attention, il est sensible à la maladie des taches noires.

Variété : Old Master
Obtenteur : Mac Gredy.
La fleur : très originale. Elle est presque simple avec les pétales rouge carminé devenant blanc vers l'intérieur, le revers est argenté. Pleinement ouverte, elle laisse voir un cœur jaune en raison des étamines. *Le rosier :* plante vigoureuse de 0,80 m de haut avec un port assez rassemblé. Les feuilles sont vert foncé. **Notre avis :** un beau rosier aux fleurs moyennes mais bien groupées en bouquet. Les rameaux peuvent faire de jolis chemins de table.

Variété : Orange Sensation
Obtenteur : De Ruiter.
La fleur : elle est de couleur orangé avec le bord des pétales plutôt vermillon. C'est sans doute l'un des plus beaux rosiers de ce coloris. Les fleurs sont légèrement parfumées. *Le rosier :* très vigoureux et s'accommodant bien de tous sols et de toutes expositions. Très remontant, il fournit une floraison abondante. **Notre avis :** un rosier connu, à la base de nombreux massifs d'amateurs en raison de son coloris peu courant. Permet de faire de jolis bouquets.

Variété : Paprika
Obtenteur : Tantau.
La fleur : semi-double, de couleur rouge orangé très vif. Les pétales sont légèrement ondulés ce qui leur donne un charme particulier. Les bouquets sont très denses. *Le rosier :* bel arbuste de hauteur moyenne (0,60 à 0,70 m) dont le feuillage rougeâtre au début du printemps devient vert foncé en vieillissant. **Notre avis :** un rosier à fleurs groupées, intéressant par la grosseur de ses bouquets venant en abondance de juin à octobre-novembre selon le climat.

Variété : Rusticana
Obtenteur : Meilland
La fleur : les pétales sont vermillon maculés d'orangé, du plus bel effet en massif. Les fleurs viennent en abondance tout au long de la saison et même tard en fin d'année. *Le rosier :* il tient son nom de sa très grande rusticité et de sa résistance au froid. Le feuillage est abondant et serré. **Notre avis :** à planter dans les jardins assez mal exposés. Hauteur moyenne atteignant 0,70 m. Un très beau rosier.

Variété : Ruth Leuwerick
Obtenteur : De Ruiter
La fleur : couleur rouge orangé très lumineuse. Elle est plate, double et bien pleine. Les bouquets sont nombreux sur le pied. Bien remontant, le rosier est toujours coloré. *Le rosier :* bel arbuste de 0,70 m de haut, vigoureux, formant un buisson aux contours bien réguliers. **Notre avis :** réputé pour être l'un des plus beaux rosiers à massif en raison de sa floribondité. Le feuillage est vert luisant.

Variété : **Scerzo**
Obtenteur : Meilland
La fleur : elle est rouge vif du plus bel effet, avec le revers des pétales blanc argenté, ce qui fait ressortir la couleur de l'avers dans les bouquets bien formés. Très beau. *Le rosier :* arbuste sain et robuste, très florifère formant un beau buisson régulier et bien ramifié. Il atteint entre 0,60 et 0,70 m de hauteur. **Notre avis :** à planter en taches de 3 ou 4 pieds pour obtenir un effet de masse à la couleur écarlate et lumineuse. Ce rosier éclaire très bien un jardin.

Les rosiers grimpants

Pourvus de longues tiges atteignant parfois plusieurs mètres de longueur, les rosiers grimpants ne s'accrochent malheureusement pas seuls sur leur support.
Il convient donc de surveiller régulièrement leur développement pour les palisser. En attachant les rameaux le plus près possible de l'horizontale, on favorise le développement de pousses auxiliaires, multipliant ainsi les possibilités de floraison. Les rosiers grimpants peuvent être utilisés pour masquer un vieux mur ou habiller un tronc d'arbre mort. Mais ils forment aussi de charmantes pergolas ou couvrent de jolies tonnelles dans un coin du jardin. Ils peuvent donner du volume à un terrain un peu plat, si l'on prend soin de les planter au pied de pylônes, isolés sur une pelouse ou au milieu d'un massif.

Conseil :
Indispensables dans tout jardin digne de ce nom. Attention : si vous palissez un rosier grimpant le long d'un mur, éloignez le support de 20 à 30 cm. Ainsi, les rameaux volubiles pourront passer derrière l'armature et la circulation d'air nécessaire à leur végétation sera possible. Pensez aussi à nettoyer les fleurs fanées pour favoriser le développement de nouveaux bouquets floraux, si vous avez planté une variété remontante.

Variété : **Albert Poyet**
Obtenteur : André Eve
La fleur : double, turbinée, de couleur rouge clair, au centre plus rosé. Forme de gros bouquets bien garnis, se prolongeant tard en saison. Variété très remontante. *Le rosier :* longs rameaux dépassant 3 m. L'arbuste est très vigoureux et possède un feuillage sain et bien garni. **Notre avis :** un grand classique des rosiers grimpants, intéressant par sa rusticité et son abondante floraison qui garnit très bien murs ou tonnelles.

Variété : **American Pillar**
Obtenteur : Van Fleet
La fleur : simple, bien ouverte, rose carminé avec un œil blanc duquel se détachent les étamines jaune d'or. Le rosier étant non-remontant, elle s'épanouit entre le 15 juin et le 15 juillet. *Le rosier :* conseillé pour les pergolas, il émet de longs rameaux souples, couverts d'épines et d'un feuillage vert foncé brillant. **Notre avis :** un rosier ancien, très célèbre, toujours d'actualité même si sa floraison est de courte durée et sans parfum. Attention, assez sensible à l'oïdium.

Variété : **Exploit**
Obtenteur : Meilland
La fleur : assez petite, groupée en bouquets denses. Couleur rouge écarlate, très lumineux. Recommandée pour les tonnelles et les pergolas. Floraison bien remontante mais sans parfum. *Le rosier :* bonne vigueur, il se plaît aussi bien placée à l'ombre qu'en plein soleil. **Notre avis :** un rosier intéressant en raison de son abondante floribondité, même s'il n'atteint pas de très grandes dimensions.

Variété : **Joseph's Coat**
Obtenteur : Armstrong et Swim
La fleur : une des plus jolies fleurs qui soit grâce aux diverses nuances qu'elle prend au fur et à mesure de son développement, du rouge au jaune doré en passant par des nuances d'orangé. *Le rosier :* un beau sujet à palisser, couvert de rameaux épineux portant des feuilles vert léger et luisantes. Très apprécié des pucerons ! **Notre avis :** magnifique par les divers tons de ses fleurs qui viennent en abondance et durent très tard en automne. Inévitable dans une roseraie.

Variété : Mermaid
Obtenteur : Paul
La fleur : très jolie, simple, au coloris jaune citronné avec un cœur laissant largement apparaître des étamines brunes. La floraison dure tout l'été et très tard en saison. Le rosier : très volubile, les rameaux pouvant atteindre 7 à 8 m de long. Les tiges portent de nombreuses épines, le feuillage est presque persistant. **Notre avis :** ce rosier demande beaucoup de soleil. Dans les régions froides, mieux vaut lui trouver un endroit abrité des courants d'air froid.

Variété : Messire Delbard
Obtenteur : Delbard
La fleur : entièrement rouge et brillante, venant à profusion sur le pied, du mois de juin jusqu'à la fin de l'automne. Ce coloris bien prononcé devrait séduire les amateurs de couleurs franches. Le rosier : atteignant environ 3 m de hauteur, il est recommandé pour former de véritables colonnes fleuries. Résiste bien aux maladies. **Notre avis :** un arbuste à planter de préférence en plein soleil pour faire éclater sa couleur. Les rameaux souples se palissent facilement.

Variété : New Dawn
Obtenteur : Dreer
La fleur : double, de taille moyenne, groupée en bouquets rose nacré pâle. Elle est très légèrement parfumée. La floraison est remontante ce qui contribue à donner une garniture colorée permanente. Le rosier : très sarmenteux et robuste. Les rameaux atteignent facilement 4 à 5 m de longueur. Feuillage vert tendre. **Notre avis :** un rosier à placer au pied d'une tonnelle ou sur un vieux tronc d'arbre qu'il recouvrira complètement. La floraison remontante est intéressante.

Variété : Parure d'Or
Obtenteur : Delbard
La fleur : très jolie, jaune d'or avec les pétales délicatement ourlés de rouge carmin, elle est simple et légèrement parfumée. Très remontant. Le rosier : un bel arbuste couvert de fleurs dans les tons jaunes. Il est assez vigoureux. **Notre avis :** à planter, isolé sur une pelouse, au pied d'une colonne qu'il garnira de fleurs tout au long de la saison. Atteint facilement 2 à 3 m de hauteur.

Variété : _Paul Scarlett Climber_

Obtenteur : Paul

La fleur : elle est double, regroupée en bouquets somptueux, d'un coloris rouge vif, très éclatant. Mais, cette floraison n'est pas remontante et il faut se contenter d'un mois de fleurs pour l'apprécier.

Le rosier : il est très vigoureux et peut facilement atteindre 4 à 5 m de hauteur. À réserver aux supports de grandes dimensions.

Notre avis : peut être l'un des rosiers les plus demandés comme grimpants, même si sa floraison ne dure pas très longtemps. Mais quel éclat lorsqu'il se pare de ses couleurs vives !

Variété : _Rouge et Or_

Obtenteur : Dickson

La fleur : changeante, rouge corail lors de l'éclatement du bouton, elle devient jaune d'or au fur et à mesure de l'épanouissement. Ces couleurs vives en font un bon rosier pour éclairer un jardin un peu triste. _Le rosier :_ moyennement vigoureux, il ne dépasse pas 2,50 m en hauteur. À placer sur une colonne, au milieu d'un massif pour lui donner de la hauteur. **_Notre avis :_** un rosier intéressant par ses coloris changeants. Remontant, il fleurit toute la saison.

Les rosiers arbustifs

À eux seuls, ils sont capables de former de très gros massifs en fond de jardin. Hauts parfois de 2 à 3 m, ils remplacent avantageusement les arbustes classiques, en apportant en plus une floraison souvent très colorée. Ils développent de longs rameaux bien dressés ou courbés ce qui nécessite de la place pour les planter. À placer le long d'une clôture ou pour délimiter plusieurs parties d'un même jardin.

Conseil :

Ces rosiers sont redevenus à la mode, et ce n'est pas un reproche car ils forment de très jolis massifs. Il faut les laisser pousser à leur guise, en se contentant d'éliminer les fleurs fanées et de couper les branches mortes ou trop vieilles. Taillez aussi celles qui sont situées au centre de la touffe pour l'aérer.

Jardin de roses anciennes, André Eve.

Variété : **Anne de Bretagne**
Obtenteur : Meilland

La fleur : abondante floraison pour cet arbuste remontant qui se pare de nombreux bouquets rose vif, du printemps jusqu'à l'automne. Le rosier : dépassant 1,50 m de hauteur, il est vigoureux et se plaît partout, pourvu que l'ombre ne soit pas permanente. Le feuillage est ample. **Notre avis :** idéal pour former une grosse tache de couleur sur une grande pelouse. Plantez au minimum 5 à 6 pieds pour que l'ensemble soit très esthétique.

Variété : **Blanc Double de Coubert**
Obtenteur : Cochet-Cochet

La fleur : une variété de roses anciennes qui donne des fleurs doubles, larges, au coloris blanc pur. Les pétales sont un peu fripés ce qui augmente son originalité. Remontant. Le rosier : assez vigoureux mais la touffe ne dépasse pas 2 m en hauteur. Le feuillage est aussi très décoratif car gaufré et abondant. **Notre avis :** il vaut mieux planter ce rosier en massif ou en haie libre unicolore tant son blanc est pur et décoratif. Ajoutons qu'il est légèrement parfumé.

Variété : **Smarty**
Obtenteur : Ilsink

La fleur : elle est simple et délicatement colorée d'un blanc rosé très joli. Au centre, les étamines jaune d'or rehaussent son coloris. Les fleurs sont réunies en bouquets. Le rosier : très vigoureux, il peut atteindre 2 m de hauteur s'il se plaît là où il est planté. Ses tiges souples peuvent être palissées sur une clôture. **Notre avis :** l'un des rosiers arbustes les plus florifères qui soit. En raison de la souplesse de ses tiges, ce rosier est aussi parfois proposé comme couvre-sol.

Variété : **Tobago**
Obtenteur : Delbard.

La fleur : plutôt petite, regroupée en bouquets parfumés de couleur jaune pêche rosé. Grande floribondité. Le rameau peut former à lui seul un très joli bouquet pour l'intérieur. Le rosier : pas très haut, dépassant rarement 1 m, est cependant remarquable par sa floraison et par son feuillage ressemblant à celui du houx. **Notre avis :** un rosier très raffiné qui vous séduira dès l'éclosion de la première fleur.

Variété : **Westerland**
Obtenteur : Kordes.

La fleur : corolles ondulantes d'un magnifique coloris jaune orangé, très lumineux. Les fleurs sont réunies en gros bouquets qui s'épanouissent tout l'été, jusqu'aux premières gelées. Le rosier : il atteint facilement 2 m de hauteur ce qui permet de former de gros buissons aux formes assez libres. Le feuillage est vert, moyennement foncé. **Notre avis :** couleur sans pareille pour ce rosier arbuste à la teinte chaude, éclatante même sous le soleil. Parfumé.

Les rosiers couvre-sol

Quand il n'est pas possible de semer du gazon dans un endroit du jardin parce que l'entretien est trop difficile ou l'espace trop réduit, pourquoi ne pas cacher la terre avec des rosiers aux branches étalées et couvertes d'une multitude de petites fleurs ? Les variétés de rosiers couvre-sol sont de plus en plus nombreuses, faciles à cultiver elles demandent peu d'entretien. Il suffit de couper les rameaux défleuris et d'ôter les vieilles branches.

Conseil :
Plantez-les sur un terrain bien nettoyé et débarrassé de ses mauvaises herbes car leur végétation est assez dense. Il sera ensuite difficile d'arracher les plantes adventices qui se fraient un chemin entre les tiges rampantes. Les rosiers couvre-sol peuvent aussi être plantés en bordure d'un muret sur lequel ils retombent formant, ainsi de jolies cascades de fleurs.

Variété : **Snow Ballet**
Obtenteur : Clayworth
La fleur : blanc pur très élégant pour cette fleur qui vient à profusion sur les nombreux rameaux du rosier. Elle est double, en forme de pompon, semblable à la fleur de certains rosiers anciens. *Le rosier :* il développe de nombreux rameaux très étalés, couvrant parfaitement le sol. Le feuillage abondant est largement dominé par les fleurs. **Notre avis :** l'un des meilleurs couvre-sol tant sa végétation est importante et sa floraison de longue durée. Ne dépasse pas 0,30 m en hauteur.

Variété : **Swany**
Obtenteur : Meilland
La fleur : toute blanche, en forme de pompon, elle est regroupée en bouquets denses qui couvrent bien le feuillage. Floraison remontante tout l'été et l'automne. *Le rosier :* longs rameaux couvre-sol dépassant plus de 1 m de longueur, retombants si on plante l'arbuste le long d'un muret. **Notre avis :** sa floraison quasi continue nécessite de couper au moins une fois par semaine les fleurs fanées si l'on veut garder un aspect esthétique à ce tapis blanc.

Variété : **The Fairy**
Obtenteur : Meilland.
La fleur : petit pompon rose tendre regroupé en jolis bouquets cachant pratiquement tout le feuillage tant la floraison est abondante. Bien remontant, les fleurs durent du mois de juin jusqu'en octobre. *Le rosier :* son port est étalé, ne dépassant pas 0,30 à 0,40 m de hauteur. Les rameaux retombent bien lorsque le pied est en bordure de muret. **Notre avis :** appelé aussi « Féerie », ce rosier est l'un des plus connus de ce type. La délicatesse de ses fleurs en fait un classique des parterres.

Les rosiers miniatures

Leur petite taille, de 0,30 à 0,40 m de hauteur, et leur abondante floraison les destinent très souvent à égayer de leurs coloris les petits espaces et les intérieurs des appartements. Les rosiers miniatures sont les rois des balcons car ils se plaisent en pots ou en jardinières. Les fleurs sont semblables à de petits pompons ou à des roses uniflores en miniature. Vous pouvez utiliser aussi ces rosiers lilliputiens pour les rocailles. Attention, comme pour les rosiers couvre-sol, il est nécessaire de surveiller régulièrement la défloraison pour ôter les pompons fanés, tout à fait disgracieux.

Variété : **Meillandina**
Obtenteur : Meilland
La fleur : sous cette dénomination, on trouve de nombreuses variétés aux fleurs simples, doubles ou en pompons, dont les coloris sont très variés : jaune, orange, rouge ou rose. Ces fleurs ne dépassent pas 2 à 5 cm de diamètre. *Le rosier :* moyennement vigoureux mais la floraison est abondante au dessus d'un feuillage qui va du vert clair au vert bronze. **Notre avis :** intéressants pour les jardinières, ce qui permet de changer du sempiternel géranium. Remontants, ils fournissent des fleurs toute la saison estivale. Surveiller l'arrosage.

Variété : Perle d'Alcanada
Obtenteur : Pedro Dot
La fleur : petite, de couleur rose carmin, semi-double avec les pétales blancs à la base. La forme de la fleur est très régulière. Remontant, le rosier est couvert de juin à octobre. *Le rosier :* bien qu'il s'agisse là d'une variété déjà ancienne, elle est toujours très prisée des amateurs en raison de l'abondance de sa floraison. Les feuilles sont sombres et brillantes. ***Notre avis :*** un très beau rosier miniature ne dépassant pas 0,30 m en hauteur. On le connaît aussi sous l'appellation de « Baby Crimson ».

Variété : Scarlet Gem
Obtenteur : Meilland
La fleur : très double, elle est d'un coloris rouge orangé des plus éclatants. Les 50 à 60 pétales qui composent cette fleur en font un joli petit pompon d'environ 3 cm de diamètre. *Le rosier :* ne dépassant pas 0,25 m en hauteur, il est idéal pour les balconnières. Forme buissonnante régulière. ***Notre avis :*** très florifère, ce rosier est original par la densité de son coloris. À planter tous les 30 cm dans une jardinière.

Les rosiers tiges

Greffés au sommet d'une tige d'églantier, ces rosiers forment de véritables boules de fleurs qui dominent le reste des plantations. Ils sont à placer en milieu de massif ou en bord d'allée, en alignement. Mais ils peuvent aussi être placés dans des bacs sur une terrasse pour donner de la hauteur au reste des jardinières.

Conseil :
Les variétés à grosses fleurs sont plus souvent employées, mais celles à fleurs groupées conviennent, si le port de la variété reste bien groupé pour former une boule homogène.

Jardin de Giverny.

Variété : **Crimson Glory**
Obtenteur : Meilland
La fleur : très classique, cette rose présente des pétales de coloris cramoisi velouté à reflets pourpre. L'ensemble des fleurs forme une boule très compacte et lumineuse. Les fleurs sont également très parfumées. *Le rosier :* il est vigoureux et s'adapte bien à tous les sols et climats. Le feuillage est vert soutenu et fait ressortir la couleur vive des fleurs. Il peut aussi être élevé en rosier buisson.
Notre avis : une variété qui a fait ses preuves et qui mérite une place d'honneur dans votre roseraie. Évitez de mélanger cette variété en buisson et en tige dans un même massif.

Variété : **Arc de Triomphe**
Obtenteur : Jackson et Perkins
La fleur : un superbe bouton dont les pétales au coloris jaune crème bordés de rose produisent un puissant parfum. Les tiges les plus longues peuvent servir de lfeurs coupées. *Le rosier :* bonne vigueur avec un feuillage vert brillant sur lequel se détachent bien les fleurs.
Notre avis : un rosier intéressant par sa floribondité, dont les boutons sont assez longs à s'épanouir ce qui permet de profiter longtemps de la beauté des fleurs et des senteurs qui s'en dégagent.

Variété : **Stéphanie de Monaco**
Obtenteur : Meilland
La fleur : coloris original pour cette fleur parée de pétales rose satiné. De plus elle dégage un oxcellent parfum. *Le rosier :* son feuillage vert foncé brillant fait bien ressortir les fleurs. L'arbuste est très vigoureux, rustique, il résiste à pratiquement toutes les maladies. Il convient également aux formes buissonnantes.
Notre avis : une rose à la mode qui apportera une touche de couleur originale au dessus d'un massif de plantes vivaces ou isolée sur un beau gazon.

Les rosiers pleureurs

Voisins des rosiers tiges, ils sont eux aussi greffés sur une tige d'églantier. La différence vient de leurs rameaux qui retombent formant de véritables cascades de fleurs, descendant parfois jusqu'au sol. Il vaut mieux les placer isolés sur une pelouse ou dans un bac sur une terrasse.

Conseil :
Ces rosiers ont besoin d'un support pour maintenir leurs branches. Il existe pour cela des armatures métalliques formant des parasols ou des ombrelles sur lesquelles on palisse le départ des rameaux avant que ceux-ci ne retombent seuls.

Variété : **Allgold**

Obtenteur : Le Grice
La fleur : elle est semi-double, de couleur jaune d'or éclatant. On peut la réunir en bouquets. Elle est peu parfumée. Remontante, elle s'épanouit de juin à octobre. *Le rosier :* de bonne vigueur, il forme un rosier pleureur élégant, original et très décoratif de par sa couleur chaude et lumineuse. **Notre avis :** d'ordinaire un beau rosier buisson qui trouve ici un emploi à la hauteur de son éclat. À utiliser planté seul sur le gazon.

Variété : **Dorothy Perkins**

Obtenteur : Jackson et Perkins
La fleur : elle se présente sous la forme d'un pompon rose et est réunie en bouquets qui couvrent abondamment les rameaux souples. Parfois, quelques fleurs blanches viennent se mêler aux autres. *Le rosier :* une variété ancienne non remontante parfaite pour ce type de rosier. Les feuilles sont vert sombre. Attention, il est très facilement attaqué par l'oïdium. **Notre avis :** un charme désuet pour cette variété qui s'épanouit au début de l'été. Ses longs rameaux le prédisposent à cette forme pleureuse.

Variété : **Excelsa**

Obtenteur : Walsh
La fleur : en bouquets de pompons rouge vif. La floraison est non remontante mais très fournie et se produit au début de l'été. Elle est non parfumée. *Le rosier :* une vieille variété obtenue au début du siècle mais intéressante en raison de ses longs rameaux de plusieurs mètres qui la prédisposent aux formes pleureuses. Vigoureux. **Notre avis :** si cet arbuste n'était pas aussi sensible aux maladies, il serait sans doute parmi les plus beaux rosiers pleureurs. Mais il demande beaucoup de soin si l'on veut qu'il donne le meilleur de lui-même.

Les rosiers pour haies

Un mur de fleurs, c'est tout de même plus agréable et beau qu'une haie de thuyas ou de troènes ! Les rosiers utilisés pour former de véritables écrans fleuris sont surtout choisis parmi les espèces arbustives, certaines dépassant 2 m en hauteur. Leur seul inconvénient : le feuillage caduc qui les empêche de former des brise-vues en hiver. Mais leurs rameaux sont denses et l'écran reste tout de même fourni. De plus, les haies réalisées avec ces rosiers sont également défensives car il est difficile de passer au travers de cet enchevêtrement de rameaux, la plupart du temps couvert de très nombreuses épines bien acérées.

Conseil :
On peut tailler ces haies de rosiers mais elles sont beaucoup plus jolies si vous laissez les rameaux aller où bon leur semble. Cela suppose d'avoir de la place.

Attention, si votre haie fleurie est située en limite de propriété, prenez garde à ce que les passants ne risquent pas de s'agripper et de se blesser en longeant votre clôture.

Variété : **La Sevillana**
Obtenteur : Meilland
La fleur : elle est d'un rouge éclatant, venant à profusion de la fin du printemps et jusque tard en saison. Elle résiste très bien aux intempéries et, groupée en bouquets denses, couvre tout le buisson. *Le rosier :* cet hybride moderne est l'un des plus caractéristiques des haies ou des formes libres car il est sain et très vigoureux. **Notre avis :** l'un des plus beaux rosiers de ces dernières années, très florifère, qui dépasse sans difficulté 1,50 m de haut. Magnifique.

Variété : **Fée des Neiges**
Obtenteur : Kordes.
La fleur : l'une des plus belles roses blanches, semi-double, s'épanouissant de juin à octobre. La floraison abondante couvre le rosier tout entier. *Le rosier :* forme une haie superbe et très parfumée. Son feuillage vert clair est luisant. Le port est dressé et étroit ce qui forme un buisson bien dense, impénétrable. **Notre avis :** connu aussi sous le nom d'Iceberg, ce rosier est superbe. Il se plaît en toute exposition et supporte très bien d'être taillé.

Variété : **Centenaire de Lourdes**
Obtenteur : Delbard
La fleur : elle apparaît en boutons roses très jolis qui se transforment ensuite en une corolle semi-double de coloris rose doux avec des nuances plus vives sur certains pétales. Très remontant. *Le rosier :* bonne vigueur pour cet arbuste dont la hauteur oscille entre 1 m et 1,50 m. Le feuillage est vert foncé et brillant, mettant ainsi en valeur la très belle floraison. **Notre avis :** plantez cette variété de préférence en plein soleil. C'est une variété somptueuse très intéressante par l'abondance de sa floraison.

Les roses à parfum

Les nombreuses hybridations réalisées depuis plus d'un siècle ont permis de mettre au point des variétés de roses magnifiques apparaissant dès la fin du printemps et remontant jusqu'aux grands froids hivernaux. Mais si la floribondité, la résistance aux maladies, l'harmonie entre le feuillage et la fleur, la régularité du port, ont été, entre autres, des critères de sélection, cela s'est bien souvent fait au détriment du parfum qui était l'apanage des variétés de roses anciennes qui sont à l'origine de la plupart de ces roses modernes. Mais aujourd'hui, les créateurs s'intéressent de nouveau à cette caractéristique et on peut trouver des roses parfumées dans le commerce. Dans presque tous les cas, il s'agit de roses à grosses fleurs.

Conseil :
Il n'est pas de massif de rosiers digne de ce nom s'il ne possède pas au moins une variété de roses parfumées. Le meilleur moment pour humer ces senteurs est le matin, lorsque la fleur est encore couverte de rosée, avant que le soleil ne brille de ses mille feux. N'hésitez pas à vous pencher…

48

Variété : Crêpe de Chine
Obtenteur : Delbard-Chabert
La fleur : une belle et grande fleur soyeuse au coloris rouge clair très lumineux et aux longs pétales ondulés. Elle est délicatement parfumée et embaumera le jardin si le massif est situé en zone éclairée et dégagée. Le rosier : très vigoureux, il est résistant aux maladies. Son feuillage vert foncé met bien en valeur la luminosité des fleurs. **Notre avis :** un rosier au grand raffinement qu'il convient de ne pas planter aux côtés d'autres roses parfumées pour éviter les mélanges d'odeurs. Espacer les pieds d'une cinquantaine de centimètres.

Variété : Grand Siècle
Obtenteur : Delbard
La fleur : très belle fleur opulente virant du blanc crème au rose carminé tendre. La floraison s'étale de juin jusqu'aux gelées. Légèrement poudrée, cette rose dégage un parfum très subtil. Le rosier : excellente végétation, les rameaux portant un feuillage très sain. Hauteur comprise entre 0,80 et 1 m. **Notre avis :** l'un des grands classiques que tout amateur se doit de posséder dans son jardin. Le rosier fleurit pratiquement sans interruption et peut former de belles haies.

Variété : Madame L. Laperrière
Obtenteur : Laperrière
La fleur : très belle fleur rouge cramoisi foncé ne violaçant pas et dégageant un agréable et abondant parfum. Le rosier : végétation moyenne mais feuillage abondant qui en fait un rosier idéal pour les massifs. Très bonne résistance aux maladies. **Notre avis :** cet obtenteur, peut être moins connu que d'autres, produit pourtant de très jolies roses comme cette variété dont on pourrait penser que les fleurs sont en velours.

Variété : Mamy Blue
Obtenteur : Delbard
La fleur : l'une des plus belles et plus récentes roses bleues. Le bouton s'épanouit pour donner naissance à une grosse fleur très double au coloris mauve vif à reflets bleutés. Très florifère et surtout très parfumée. Le rosier : une variété moderne qui fournit de très beaux massifs sur lesquels on pourra couper des fleurs qui tiendront 10 à 15 jours en vase. Sa hauteur est de 0,80 à 1 m. Excellente résistance aux maladies. **Notre avis :** parfaite pour embaumer le jardin et la maison. Son obtenteur dit d'elle qu'elle a un « parfum très moderne par ses notes de tête et de cœurs et ses accords aromatiques de citronnelle fruité acidulés, à l'odeur de pomme » !

Variété : **Papa Meilland**
Obtenteur : Meilland
La fleur : l'une des plus belles roses, au coloris velours pourpre irisé de cramoisi avec des reflets noirs bleutés. La fleur est double et possède de plus un parfum puissant. *Le rosier :* hauteur avoisinant les 0,90 m. Ce rosier possède une bonne vigueur et un ample feuillage résistant bien aux maladies. *Notre avis :* ce rosier est devenu un classique des massifs. Il fournit, en outre, de très jolis bouquets odorants.

Variété : **Paul Ricard**
Obtenteur : Meilland
La fleur : très originale avec une couleur jaune ambré. La fleur est puissamment parfumée. *Le rosier :* très résistant, il atteint facilement 1 m de hauteur. Son feuillage est vert moyen très dense et d'aspect mat. *Notre avis :* dédiée à Paul Ricard, cette variété récente doit son nom à l'odeur anisée de ses fleurs.

Variété : **Sourire d'enfant**
Obtenteur : Orard
La fleur : couleur jaune paille restant régulière de l'ouverture à l'épanouissement. Délicatement parfumée. *Le rosier :* arbuste très sain et vigoureux de végétation moyenne. Feuillage dense, vert clair brillant. *Notre avis :* un très joli rosier vendu par son créateur au profit de l'Unicef. Pour joindre l'utile à l'agréable.

Variété : **Yves Piaget**
Obtenteur : Meilland
La fleur : elle possède 80 pétales dentelés au coloris rose pâle. La floraison est abondante et fournit un parfum suave. *Le rosier :* vigueur remarquable. Hauteur de 0,80 à 0,90 m. Feuillage mi-mat très résistant aux maladies. *Notre avis :* une variété exceptionnelle par la forme de sa fleur qui ressemble à une grosse pivoine. On dirait une rose ancienne. À posséder dans tout massif.

Les roses à cueillir

Certaines variétés se prêtent mieux à la fleur coupée que d'autres. Consacrez aux fleurs coupées un massif spécial où vous viendrez, selon vos besoins, couper les tiges qui vous serviront à faire de somptueux bouquets.

Conseil :
Pour éviter d'épuiser vos rosiers, plantez-en suffisamment afin d'effectuer une coupe hebdomadaire. Choisissez des variétés à grosses fleurs qui possèdent, en général, les tiges les plus longues. Soignez les massifs réservés à la fleur coupée : arrosez-les abondamment en été et faites des apports réguliers d'engrais.

Variété : **Double Delight**
Obtenteur : H. Swim et A. Ellis - Armstrong Nurseries
La fleur : bouton en forme d'urne de couleur crème, largement ourlé de rouge sang. Le nombre de pétales est compris entre 35 et 45. Le diamètre de la fleur solitaire est d'environ 12 cm. La fleur est, de plus, très parfumée. *Le rosier :* l'arbuste est érigé et fournit une forte végétation. Le feuillage est vert foncé et résiste assez bien aux maladies. **Notre avis :** un rosier très florifère et bien remontant, jusqu'à la fin de l'automne. Excellent en massif mais à réserver surtout pour la fleur coupée.

Variété : **Ferline**
Obtenteur : Laperrière
La fleur : bouton et grande fleur, rouge vif clair. Légèrement parfumée, elle convient très bien aux bouquets et sa tenue en vase est excellente. *Le rosier :* grande végétation avec très bonne remontée. Le feuillage est vert foncé, mat. Grande hauteur. **Notre avis :** un agréable rosier qui peut former une jolie haie séparative dans laquelle vous pourrez puiser à loisirs des fleurs pour vos bouquets.

Variété : **Grand Nord**
Obtenteur : Delbard
La fleur : c'est une magnifique rose blanche qui passe de l'ivoire au blanc crème sans s'altérer. Forme de somptueux bouquets.
Le rosier : vigoureux, au port érigé, il atteint une hauteur de 1,20 m. Les feuilles sont vert foncé. **Notre avis :** les roses blanches aptes à former des bouquets sont assez rares. C'est un très bel arbuste dont on peut faire une tache sur une pelouse, mettant ainsi sa couleur en valeur.

Variété : **Madame Georges Delbard**
Obtenteur : Delbard
La fleur : somptueuse et très double, elle s'épanouit lentement pour donner des pétales veloutés au coloris rouge foncé, lumineux et uni qui se maintient sans changement jusqu'à la défloraison. Très florifère. *Le rosier :* végétation érigée et buissonnante qui atteint 1 m en hauteur. Le feuillage est grand et vert foncé. Très bonne résistance aux maladies. **Notre avis :** peut-être la plus belle création de Georges Delbard. La fleur offre une excellente tenue en vase : deux demaines si elle est cueillie dans de bonnes conditions.

Variété : **Michèle Meilland**
Obtenteur : Meilland
La fleur : inflorescence gracieuse de couleur rose vif saumoné pour ce rosier. Très florifère. Reste superbe même largement épanouie. *Le rosier :* la plante est rustique, moyennement haute, entre 0,70 et 0,80 m. **Notre avis :** une variété devenue un classique. Elle forme de très beaux massifs bien fleuris et se prête aisément à la fleur coupée.

Variété : **Rose Gaujard**
Obtenteur : Gaujard
La fleur : magnifique. Les pétales rouge cerise ont un revers argenté. La fleur est bien formée et élancée. Nuances très subtiles. *Le rosier :* plante d'une hauteur moyenne mais dotée d'une vigueur exceptionnelle. Bonne résistance aux maladies.
Notre avis : l'un des plus célèbres rosiers à grandes fleurs que l'on se doit d'avoir dans son massif, que l'on soit passionné ou non. Ses tiges vigoureuses en font de très beaux bouquets.

Variété : **Satellite**
Obtenteur : Delbard
La fleur : une rose aux coloris qui évoluent au fur et à mesure de l'épanouissement. D'un vermillon orangé au début du bouton, la fleur devient rouge corail lumineux. Ses pétales s'enroulent et donnent à la corolle une forme allongée. Parfum léger et agréable.
Le rosier : buisson dense au feuillage vert brillant qui résiste bien aux maladies. **Notre avis :** un palmarès étincelant pour cette variété magnifique, à la floribondité et à la remontée florale étonnantes.

Variété : **Sonia Meilland**
Obtenteur : Meilland
La fleur : rose magnifique qui déploie 25 pétales seulement d'un tendre coloris rose porcelaine nuancé de rose bégonia. Elle est, de plus, parée d'un parfum fruité. *Le rosier :* il est vigoureux, bien ramifié. Le feuillage est abondant et résistant aux maladies. Sa hauteur : 0,80 m. **Notre avis :** un rosier qui a acquis la célébrité grâce à la beauté de ses fleurs qui offrent une très bonne tenue en vase.

Variété : **Super Star**
Obtenteur : Tantau.
La fleur : orange saumoné, de forme conique, parée de 30 pétales pour un diamètre de 12 cm. Uniflore, avec une très bonne remontée. Parfum agréable. *Le rosier :* haut de 0,80 m sur 0,50 m de largeur, il est sain et vigoureux, bien ramifié. Le feuillage est vert foncé brillant. **Notre avis :** une rose dont la renommée n'est plus à faire. Les récompenses sont très nombreuses et internationales. La fleur à bouquet par excellence.

Variété : **Sylvia**
Obtenteur : Kordes
La fleur : le bouton est allongé et terminé en pointe. Les fleurs sont grandes, le plus souvent uniflores mais très nombreuses. La refloraison est continue. Très léger parfum. Coloris rose soutenu.
Le rosier : très beau buisson, aux rameaux bien dressés. La hauteur atteint facilement 1 m. Le feuillage est vert foncé mais les jeunes pousses sont vert rougeâtre. **Notre avis :** un joli rosier, sain, pour former de beaux massifs, il est recommandé pour la fleur coupée.

Les plus belles roses blanches

Variété : **Candeur**
Obtenteur : Delbard
La fleur : blanche à reflet ivoire dans le cœur, qui est allongé et turbiné. Floraison abondante, couvrant presque complètement le rosier, bien remontante. *Le rosier :* c'est un *Polyantha* dont les fleurs viennent en bouquets groupés. Feuillage vert brillant résistant bien aux maladies. Hauteur : 0,80 m. **Notre avis :** l'un des plus beaux rosiers blancs qui soient dans cette catégorie. Très bonne tenue.

Variété : **White Queen Elisabeth**
Obtenteur : Lammerts
La fleur : il s'agit de la version blanc pur de la célèbre variété Queen Elisabeth, l'un des fluribundas roses les plus connus. La fleur est ici très parfumée et vient en abondance sur le pied. *Le rosier :* très vigoureux, il atteint facilement 1 m de hauteur. Le feuillage est d'un beau vert. Le buisson est régulier dans sa forme. **Notre avis :** un rosier généreux dans sa floraison qui formera un massif toujours garni depuis juin jusqu'aux premières gelées.

Variété : **Messagère**
Obtenteur : Meilland
La fleur : très belle, cette variété résiste bien aux intempéries. Le blanc est très pur et la fleur est aussi jolie en bouton que pleinement épanouie. *Le rosier :* il forme un buisson très vigoureux, garni de tiges uniflores. À noter que les fleurs sont légèrement parfumées. **Notre avis :** à planter sans restriction. Elle tient très bien en bouquet.

Variété : **Michèle Torr**
Obtenteur : Jackson et Perkins
La fleur : pure, aux fleurs grandes de 18 à 25 pétales. Très bien formée et légèrement parfumée. *Le rosier :* végétation vigoureuse et érigée. Les feuilles sont grandes, brunes sur les jeunes pousses, elles deviennent vert foncé, semi-brillant ensuite. Très bonne résistance à la rouille. **Notre avis :** magnifique rose blanche à planter par groupe de 6 à 8 pieds pour donner un bel effet dans un massif. Peut former un joli buisson à isoler sur une pelouse.

Variété : **Virgo**
Obtenteur : Mallerin
La fleur : très élégante, avec un bouton parfait. La couleur de la fleur est blanche avec une légère nuance de jaune qui lui donne un cachet particulier. *Le rosier :* il s'agit d'une variété à grandes fleurs formant un buisson produisant des tiges uniflores. Remontant. *Notre avis :* rosier assez ancien dont la beauté de ses fleurs coupées les destinent aux bouquets. Aussi trouve-t-il parfaitement sa place dans un massif conçu à cet effet.

Les plus belles roses roses

Variété : **Bordure rose**
Obtenteur : Delbard.
La fleur : semi-double, elle est constituée de trois rangées de pétales au coloris rose clair, le centre étant encore plus pâle. La floraison est constituée de bouquets bien fournis. Variété remontante. *Le rosier :* sa hauteur n'excédant pas 0,50 m, il est prédisposé, et son nom l'indique, à être placé sur le devant d'un massif qu'il souligne de l'abondance de sa floraison. *Notre avis :* une variété à la végétation dense mais qu'il convient de surveiller car elle est assez sensible au marsonia. Ne pas hésiter à traiter préventivement.

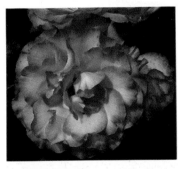

Variété : **Catherine Deneuve**
Obtenteur : Meilland
La fleur : 20 à 25 pétales pour cette grande fleur dont le coloris est à cheval sur le jaune et le rose. Son obtenteur le définit comme blond rosé. La floraison est abondante et continue durant toute la saison. *Le rosier :* végétation robuste, le port du rosier étant érigé pour atteindre environ 90 cm en hauteur. Le feuillage est vert foncé et résiste bien aux maladies. *Notre avis :* une jolie variété qui justifie sa plantation en groupe pour produire un très bel effet de masse. La fleur est élégante et distinguée.

Variété : **Pénélope**
Obtenteur : Gaujard
La fleur : elle est de couleur rose saumon au cœur nuancé d'abricot. Très distinguée, elle reste fleurie toute l'année. Parfum agréable. *Le rosier :* plante de hauteur moyenne mais très bien dressée, au feuillage décoratif résistant aux maladies. *Notre avis :* une jolie fleur qui a sa place en massif mais qui peut aussi fournir des bouquets. Elle est en fleur dès le mois de mai.

Variété : **Queen Elisabeth**
Obtenteur : Meilland
La fleur : une variété renommée aux tons rose carminé. Les fleurs sont gracieuses et situées sur de longues tiges presque sans épines. Très florifère. *Le rosier :* il est sain et vigoureux et dépasse facilement le mètre en hauteur pour donner de beaux massifs bien garnis. Le feuillage est résistant aux maladies. **Notre avis :** un grand classique des massifs de rosiers. Le planter, c'est jouer la beauté et la sécurité.

Variété : **Sylvie Vartan**
Obtenteur : André Eve.
La fleur : double, très régulière, rose carminé intense. Sa forme rappelle celle des camélias. La floraison apparaît aussi bien en uniflore sur une longue tige que par groupe de 3 ou 4 têtes réunies en bouquet. *Le rosier :* il est vigoureux, résistant aux maladies et forme un buisson bien dense d'environ 0,80 m de hauteur. **Notre avis :** superbe, grâce à l'originalité de ses fleurs et à un coloris bien prononcé. Le feuillage vert sombre met bien en valeur les fleurs.

Les plus belles roses jaunes

Variété : **Amber Queen**
Obtenteur : Harkness
La fleur : groupée pour former de gros bouquets, elle est d'un coloris jaune vif et dégage un parfum très agréable. Grande, double, elle entre dans la composition de très jolis bouquets pour l'intérieur. *Le rosier :* il est vigoureux et forme un buisson haut d'environ 0,80 m. Bien remontant, il fleurit du début de l'été jusqu'en automne. Bonne résistance aux maladies. **Notre avis :** un rosier superbe qui forme de somptueux massifs très lumineux.

Variété : **Canary**
Obtenteur : Tantau
La fleur : de 12 à 15 cm de diamètre, elle est grande et bien pleine. Les pétales, de 25 à 30, sont jaune nuancé de rouge orangé et délicatement parfumés. La floraison est ininterrompue. *Le rosier :* la végétation est vigoureuse, le port étant bien érigé et bien ramifié. La hauteur : entre 0,70 et 0,80 m. Très bonne résistance aux maladies. **Notre avis :** un rosier jaune, original par la teinte orangée sur le bord des pétales. Forme de très belles taches dans un jardin.

Variété : **Cannes Festival**
Obtenteur : Meilland
La fleur : grande luminosité pour cette rose aux pétales moyennement nombreux (20) d'un coloris jaune indien brillant. Le pourtour
est nuancé d'un orange capucine. Floraison abondante. *Le rosier :*
il est vigoureux, le port érigé étant bien dressé. Le feuillage est
vert mi-mat faisant ainsi ressortir la floraison. Sa hauteur dépasse
parfois 1 m. **Notre avis :** son coloris apporte chaleur et luminosité.
Très recommandée pour les petits jardins manquant d'éclat.

Variété : **Solidor**
Obtenteur : Meilland
La fleur : du jaune citron pour cette variété qui porte des fleurs
à 35 pétales légèrement parfumés. La floraison est abondante
tout au long de la saison. *Le rosier :* il est doté d'une forte végétation. Sa hauteur atteint aisément le mètre. Le feuillage, vert
brillant, rehausse l'éclat des fleurs. **Notre avis :** un jaune particulièrement éclatant qui attirera les regards. Pour former de
grandioses massifs.

Variété : **Yellow Hammer**
Obtenteur : Le Grlce
La fleur : jaune bouton d'or, de toute beauté aussi bien en boutons
qu'en plein épanouissement. Remontante, elle vient en bouquets
bien garnis. Double, elle est délicieusement parfumée. *Le rosier :*
assez petit, il ne dépasse pas les 0,50 m est très ramifié et bien
couvert de fleurs. **Notre avis :** une variété vigoureuse, d'un jaune
franc. Plantez-le sur un fond d'arbustes au feuillage sombre.

Les plus belles roses rouges

Variété : **Diablotin**
Obtenteur : Delbard
La fleur : elle est simple mais très large et d'un coloris rouge
orangé très éclatant qui résiste bien aux intempéries, à la
pluie comme aux rayons du soleil. *Le rosier :* de la classe des
Polyanthas, il forme un buisson dense de 0,60 m de hauteur,
très résistant aux maladies. **Notre avis :** magnifique rosier
remontant, très florifère, dont il existe une forme grimpante.
Éclaire un jardin un peu sombre.

Variété : **Illisca**
Obtenteur : Laperrière
La fleur : 35 pétales rouge cerise clair, fleur régulière et abondante. Le rosier : le feuillage est sain et vient à profusion, formant un massif bien garni. La végétation est moyenne, aussi planter un minimum d'une douzaine de pieds pour obtenir un bel effet de groupe. **Notre avis :** un rosier au coloris sortant de l'ordinaire. Sa récompense est due à sa floraison régulière, à son port et à la beauté des boutons.

Variété : **Lilli Marlène**
Obtenteur : Kordes
La fleur : moyennement double, elle est rouge sang velouté laissant apparaître les étamines jaunes lors de son complet épanouissement. À noter : sa couleur résiste bien aux rayons du soleil, du bouton jusqu'à la fanaison. Le rosier : très florifère, il forme un buisson de 0,70 m de hauteur, de bonne tenue. Attention, il est assez sensible à l'oïdium. **Notre avis :** le rosier forme des massifs toujours en fleurs, grâce à une remontée presque ininterrompue, de juin à octobre.

Variété : **Porthos**
Obtenteur : Laperrière
La fleur : elle est de taille moyenne mais regroupée de façon à former un bouquet comportant parfois plus de vingt boutons. Sa couleur rouge géranium est très vive et ne pâlit pas au soleil. Le rosier : il forme un buisson compact, plutôt bas qui le destine au premier rang d'un massif. Son feuillage est vert brillant. **Notre avis :** toujours d'actualité, ce rosier est intéressant par l'abondance de sa floraison et la dimension des bouquets qui illuminent le massif.

Variété : **Président L. Senghor**
Obtenteur : Meilland
La fleur : 25 pétales d'un coloris grandiose, rouge groseille à reflets veloutés. Très florifère. Le rosier : vigoureux, bien équilibré, il atteint une hauteur de 0,90 m. Feuillage vert foncé brillant, résistant bien à toutes les maladies. **Notre avis :** de très jolis roses qui semblent presque artificielles, réalisées en velours. Pour orner de superbes massifs et la maison car cette variété se prête bien à la fleur coupée.

Les roses anciennes

S'il fallait remonter le temps pour raconter l'histoire de la rose, on s'apercevrait vite que cette fleur était à l'honneur bien des siècles avant notre ère. Venue d'on ne sait quel horizon, elle a traversé les âges subissant des mutations, des hybridations qui lui ont donné l'aspect que nous connaissons aujourd'hui. Mais il est de ces roses hors d'âge que l'on conserve encore et qui figurent dans les catalogues de certains rosiéristes spécialisés. Souvent très parfumées, avec des fleurs simples ou très doubles, elles ont un charme indéniable. Leur seul inconvénient est que, non remontante, la floraison est courte. Mais quel décor dans un jardin !

Conseil :

Il n'est de bonne roseraie dans un jardin qui n'ait un ou deux pieds de rosiers anciens. Certains sont de « vrais anciens » sur lesquels la main de l'homme n'est jamais intervenue, d'autres ont subi des modifications, il y a si longtemps qu'on ne se souvient plus trop qui a changé leur aspect. Parmi celles-ci, il en est une qui mérite d'être mise à l'honneur : La France, le premier rosier de la dynastie des hybrides de thé, créé par Guillot en 1867.

Ce rosier aux fleurs de plus de 60 pétales, a donné naissance à une lignée constituant la base de nos massifs.

Variété : **Alexandre Girault**
Obtenteur : Barbier
La fleur : très particulière, elle dégage un parfum de pomme de reinette. Ses pétales sont lilas carminé foncé, plus pâle sur les revers. Le centre est blanc avec un œil vert et des étamines jaune d'or. *Le rosier :* d'une grande vigueur, assez peu recouvert d'épines. Il peut atteindre plus de 6 m de haut. Le feuillage est vert brillant et foncé. ***Notre avis :*** un très bel hybride sarmenteux de *Rosa luciae* créé en 1909. À planter sur une tonnelle car il se prête bien au palissage.

Variété : **Cardinal de Richelieu**
Obtenteur : Van Sian
La fleur : grande et double, aux pétales pourpre violacé, plus clairs à la base, s'enroulant lors de l'épanouissement, la fleur devient alors violet de Parme teinté de gris. *Le rosier :* il dégage un agréable parfum. Son écorce vert brillant alliée à son feuillage lisse et vert foncé se marient très bien aux couleurs changeantes de la fleur. ***Notre avis :*** âgé de plus de 150 ans, il atteint 1,50 m de haut. À placer dans une terre très fertile. Arrosage à surveiller. Fleurs en juin.

Variété : **Conrad Ferdinand Meyer**
Obtenteur : Docteur Muller
La fleur : rose argenté, elle s'ouvre pour laisser apparaître un joli cœur jaune. Elle est assez grosse, son diamètre pouvant atteindre 12 cm. *Le rosier :* curieux. Il émet de longues tiges de 1 m couvertes d'épines mais sans feuilles jusqu'à cette hauteur. Les aiguillons sont rouges ce qui augmente son aspect décoratif. ***Notre avis :*** un hybride de thé qui fleurit deux fois, en juin et en septembre, et dégage un parfum profond. L'une des plus belles roses du genre *Rosa*.

Variété : **Cuisse de Nymphe**
Obtenteur : origine inconnue
La fleur : le nom de ce rosier vient de la couleur de sa fleur, ivoire lavé de rose tendre, un peu plus soutenu au centre. Elle est très double : jusqu'à cent pétales. *Le rosier :* il fleurit en juin et disparaît alors sous l'abondance des fleurs. Bon développement des rameaux qui peuvent atteindre 2 m de long. ***Notre avis :*** un rosier magnifique, aux fleurs d'une grande pureté. Un classique dont on ne se lasse pas.

Variété : **Jacques Cartier**
Obtenteur : Moreau-Robert
La fleur : elle est rose vif avec un œil en bouton et très double.
En vieillissant, ce rose devient plus clair. Deux floraisons : en juin
puis en septembre. *Le rosier :* atteignant 1 m de hauteur, il a
une silhouette érigée mais compacte. Le feuillage est vert clair.
Notre avis : l'un des plus beaux rosiers anciens, rose, très
décoratif grâce à la variation de ses coloris.

Variété : **Mme Caroline Testout**
Obtenteur : Pernet-Ducher
La fleur : d'abord très pointus, les boutons s'ouvrent ensuite
pour former une grande fleur double aux pétales rose brillant
et pur, carmin sur les bords, dégageant un très subtil parfum.
Le rosier : il forme un buisson d'environ 0,70 m de hauteur,
couvert d'un feuillage satiné, vert franc. **Notre avis :** très beau
rosier ancien de la famille des hybrides de thé qui s'épanouit
dès le mois de juin. La fleur est magnifique avec ses pétales
qui s'enroulent sur eux- mêmes.

Variété : **Paul Neyron**
Obtenteur : A. Levet
La fleur : très grosse fleur rose à reflets lilas pouvant comporter
jusqu'à 50 pétales. Le revers est légèrement plus pâle. Forme
plutôt aplatie. *Le rosier :* bon développement, ses rameaux pouvant atteindre 2 m de longueur. Les feuilles sont grandes, d'un
vert brillant. **Notre avis :** l'un des rares rosiers qui puisse fournir
des fleurs à couper pour composer des bouquets originaux, en
raison de la solidité des tiges. Floraison remontante
mais peu parfumée.

Variété : **Zéphyrine Drouin**
Obtenteur : Bizot
La fleur : grande et semi-double, elle s'assemble en bouquets bien
fournis de couleur rouge cerise clair tirant sur le rose. Son parfum
est un attrait pour cette variété née en 1868. *Le rosier :* ses tiges
sont dépourvues d'épines. Feuilles pourpre cuivré au début puis
devenant bien vertes. Sensible à l'oïdium et à la maladie de la
tache noire. **Notre avis :** un beau rosier pouvant aussi bien être
conduit en buisson, si l'on taille ses rameaux, qu'en forme palissée
car il peut atteindre 3 m de hauteur. Floraison du début de l'été
jusqu'en automne.

INDEX

Crédits photographiques
Agence MAP/mise au Point
Patrick Mioulane
A. Descat
P. Averseno

Secrétariat d'édition
Sylvie Hano

Conception graphique
Béatrice Lereclus

Dépôt légal : 7536-03-1998
N° éditeur : 27452
ISBN : 2-01-620596-2
62.63.0596.04/7

Impression : Canale
Turin (Italie)